不良録 DEEP

石元太一

大洋図書

もくじ

2章 中学時代

3章 関東連合

4章 抗争

5章 総長就任

あとがき

まえがき

関東連合は、ずっとベールに包まれてきたグループだ。

グループのそういった傾向から、『不良録』には関東連合について当たり障りのないことしか書くことが出来なかった。なので俺としても、また読者からしても、非常に消化不良な作品だったのは明らかだ。

関東連合は長い間都市伝説的に語られてきた集団だけに、メンバーのなかには秘密主義を徹底している人間も多い。その最たる人物が、〝六本木クラブ襲撃事件〟の主犯として国際指名手配されながら現在も海外逃亡を続ける見立真一だろう。国際手配のなかでも身柄拘束まで要求する「赤手配」を日本の警察がしているのは、日産元会長のカルロス・ゴーン、そして見立のふたりだけなのだが、見立は徹底した秘密主義の性格が功を奏してか足取りが今もまったくつかめず、警察も完全にお手上げ状態だという。

国際指名手配にまでなっている人間を12年もの長期間、まるで神隠しにでもあったかのように逃がしきることが出来る関東連合というグループ。その秘密の根幹部分を、俺の生い立ちゃ不良化して成り上がっていく過程と共に改めて書き綴っていきたいと思う。巷に溢れている虚偽の噂を糺《ただ》すためにも。

本書にまとめた話は、部分部分を知っている関東連合のメンバーはいても、すべてを知るメンバーは誰ひとりとしていない。先輩や後輩はもちろんのこと、同期の人間であっても、だ。なので、この書を一番興味深く読むのは、もしかしたら関東連合のメンバーたちかもしれない……。

1章

石元会会長
石元正広

浅草で産声を上げる

1981年12月13日、俺は東京の浅草で生まれた。

俺には異母姉がふたり、実の姉がふたりいるのだが、待望の長男が生まれたということで、父は姉たちが生まれた時と比べものにならないくらいに喜んでいたという。その時の父の様子を、母はよく目を細めて「あのお父さんが泣いて喜んだんだよ。『よくやった!』って」と話していた。

「あのお父さん」と母が言うのには理由がある。父は浅草を拠点とする有名なヤクザの親分だったからだ。ヤクザ稼業が長い人は、大概父のことを知っている。その世界ではそれほどの有名人で、恐れられもしていたようだ。日本で初めて抗争事件でダイナマイトを用いたのも、父が築きあげた組織、「石元会」だ。

そんな父が泣いて喜んだ……にわかには信じ難い話だが、どうやらそれは事実らしい。実際、1歳上の腹違いの姉のレイから、「いくつの時だったか、太一と私が隅田公園で駆けっこをしてて同時に転んでしまった時、一緒に付いてきてくれた若い衆の人が真っ青な顔をして『若〜っ!!』って走ってきて……。マッハで私の横を通り過ぎて行ってさ。ついでの感じで、『あ、レイちゃん大丈夫?』って言われた時は、さすがに太一に嫉妬したね。その若い衆の人、『若に何かあったら殺される!』って思ったんだろうな。今となってはいい思い出だ」と、笑いながら言われたことがある。

俺自身はそのエピソードを姉から聞かされた時、まだ幼すぎる頃の話だったので覚えていなかったのだが、俺が一体どれだけ大事にされていたかがよくわかるエピソードだと思った。

そんな待望の長男に、父は〝太一〟と名付けた。「太く、逞しく、一番になれ」という思いを込めて名付けたと聞いている。そのおかげか、確かに俺は〝図太く〟、また〝しぶとく〟は育った。

まず、俺の話をする前に父の話をしたい。

父は東京ではなく、大阪で生まれ育った。父の父親、つまり俺にとっての祖父もヤクザ稼業だったというから、父もなかなかの家庭環境で育ったに違いない。父が長い懲役に行っている間、母は大阪の十三にあった父の実家に身を寄せていたらしいのだが、祖父もまた父に負けじと、とてもおっかない人だったという。例えば、玄関に置いてある誰かの靴が揃っていなかっただけで、烈火の如く怒ったそうだ。

　また、俺が東京拘置所に収監され裁判で争っている時、面会に来てくれた父の運転手をしてくれていた学というお兄ちゃんから、「ター君は知らないと思うけど、ター君のおじいちゃんも昔裁判で争っている時、裁判官相手に道理を説こうとするくらい、自分の納得出来ないことは徹底的に争う人だったらしいよ。やっぱり血は争えないね」と言われたこともある。それほど変わった祖父だったようだ。まさに〝この祖父あって、この父あり〟といった感じだ。だからか俺も、若い頃は古い刑事からよく「お前はサラブレッドみたいなものだから、絶対に（将来）ヤクザになるよ」と言われたりもした。

　そんな祖父から父は12歳の時に勘当されたという。そして、自分の生きる場所を東京に定め、まだ戦後で焼け野原だった東京にひとりで出て来たそうだ。そこで父は愚連隊を組織し生前の地位を築くことになったのだが、その愚連隊時代の日々はなかなか波瀾万丈だったようだ。学お兄ちゃんが「（忍び込んだ）進駐軍の倉庫からタバコを梱包した大きな箱を海に投げ込み、それを泳いで運んでいる時に機関銃で撃たれたこともあったみたいだ」と語っていたこともあれば、俺の尊敬する先輩がイトマン事件の許永中さんとお会いした時に父の話

石元会の方たち

幼かった頃は、父から猫かわいがりにかわいがられた

（上）七五三時に父と
（下）石元家の長男として生まれた

を聞いたそうで、「実際に会ったら本当に噂通りの人物だった」と語っていたと教えてくれたこともあった。元々許永中さんは父の実の弟たちと仲がよかったらしく、父の弟たち、つまり俺にとっての叔父たちも、大阪の淀川を挟んでケンカ相手と拳銃で撃ち合ったりと、当時かなり過激な日常を送っていたという。その叔父たちから許永中さんは、「一番上のアニキのほうがすごい」と言われていたそうだ。それほど青年期に様々なことを経験し、乗り越えながら、父はその世界では誰からも一目置かれる一本独鈷の組織、石元会を作り上げたのだろう。

重ねた懲役

父は何度も懲役を重ねたという。俺が知っているだけでも網走、新潟、横浜、千葉刑務所と、結構なところを回っている。

父の周りにいた人たちからの話によると、父は頭に血が上ってしまうと例え自分の周りに若い衆の方がいようと、自分の手で相手のことをやってしまうそうだ。だから身体が懸ること も多かったのだろう。組織のトップに立つ人間としては禁忌のように思えるが、息子の俺からすると、「あの父ならそうだろうな」と妙に納得してしまう。それほど怒ると手がつけられなくなる人だったからだ。

でも逆に、直情的な性格で打算的な人ではなかったとも言える。まるで無邪気な子ども、ガキ大将がそのまま大人になったかのように自分の感情に素直な人だったから、多くの人を惹き付けたのかもしれない。この人は嘘をつかない、と。

父が懲役を務めたなかでも、千葉刑務所に入所した時が一番長かったと聞く。飲んでいる席で兄弟分の方とケンカになった時、その人に馬乗りになって殴り続ける父のことを相手の若い衆の方が止めに入った際刺してしまったことがあったらしいのだが、それでも父は収まらず散々に暴れ回ったという。暴れるだけ暴れてすっきりした父はその後帰宅したのだが、その時に初めて自分の身体に刺し傷があることに気づいたようで、それを見て再び逆上。父は拳銃を手に舞い戻り、兄弟分を弾いてしまったそうだ。その件で父は10年近くもの期間を千葉刑務所のなかで過ごすこととなった。

その間母は、まだ幼い長女を連れ、父の大阪の実家に身を寄せていたらしい。そこにはあの誰よりも厳格な祖父もいたため、相当肩身の狭い思いをしたことは容易に想像出来る。その時期、家のなかでも外でも、母は毎日働き詰めだったそうだが、よく逃げ出さず耐え続けたものだなと今ペンを走らせながら改めて思う。父で10年、更に俺で10年以上の期間、母は外でその帰りを待ち続けた。思えば母の人生は、〃我慢の人生〃そのものだった。

父がその件で逮捕されまだ警察署の留置場にいた頃、その留置場では夜、就寝準備の時間になると部屋の高い位置に設置されていた小窓が換気のために開けられていたそうなのだが、父は毎夜そこから手を出し、外にいる母と長女に向かって手を振ってくれたという。その父の手を見るためだけに、母もまた長女を抱きかかえて毎夜父が拘留されている警察署の外まで出掛けていたそうだ。「実に母らしいエピソードだな」と、その話を聞いた時は思った。厳しい状況であっても父のことを待ち続けることが出来たのは、そうした父に対する愛情があったからだろう。普通はなかなか出来ることではない。そんな母のことは素直に尊敬することが出来るし、同時に純愛というものについても考えさせられる。

そのような昔話を聞かされた時に、「母さんも大変な思いをしてきたんだね」と俺が言うと、母はかぶりを振って「私よりあの子のほうが大変だったと思うわ……。子どもたちのなかで一番苦労したのはあの子だから」と、長女の名前を挙げ、俺にそう言った。長女もまた祖父からよく叱られていたそうだ。

例えばこんな話もある。

父が懲役を務めている間、父に手紙を出そうとすると、父が怒るような余計なことを書かないよう必ず祖父たちの検閲が入ったという。結果、手紙の内容は毎回味気のないものに。そんな長女からの手紙を読んでは「あいつは冷たい」と父は言っていたようだが、長女からすればすぐにでも誤解を解きたかったことだろう。当時の長女の心情を考えると、正直胸が詰まりそうになる。肉親から誤解されることほど、やるせないこともないからだ。

でも、そんな長女でも、腹違いの一番上の姉の存在にはとても助けられたそうだ。祖父たちに内緒で物を買ってもらったり、何かあるたびに相談に乗ってもらったりと、長女は家族のなかで誰よりも義理堅い人だったので、亡くなるまで腹違いの一番上の姉に対するそれらの恩義を忘れずにいた。

俺がまだ小学校低学年だった頃に長女は結婚したのだが、その結婚相手は父に強制的に決められた。その時は子どもながらに驚いた。

相手の方のことは俺も知っていて、とても懐いていたのだが、そのことと結婚とではまた

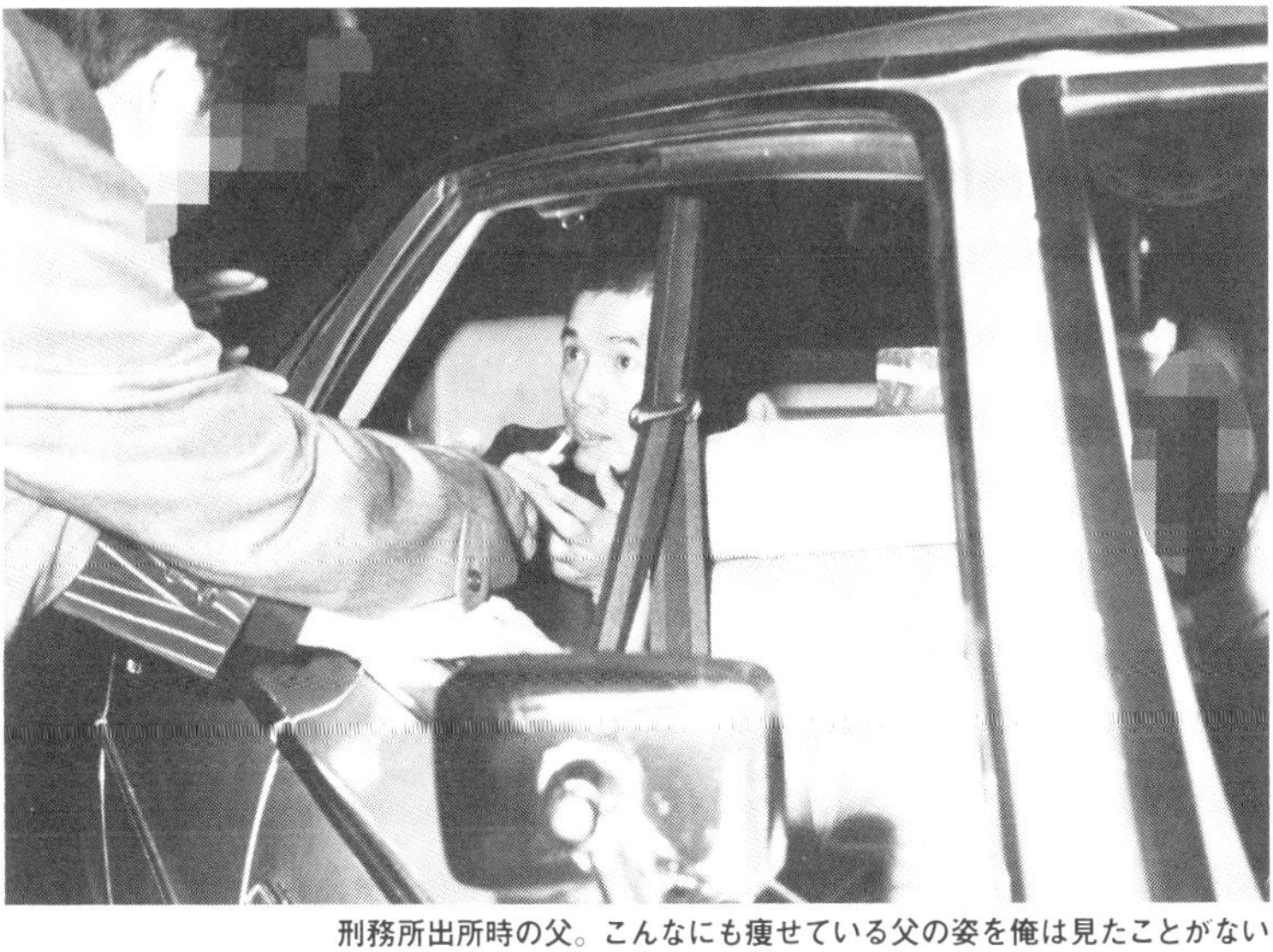

刑務所出所時の父。こんなにも痩せている父の姿を俺は見たことがない

話が別だ。今の世の中でもそんなことがあるのかと思い、姉の気持ちを考えると素直にその結婚を喜んでいいのかわからなかったし、戸惑った。ただ、結婚後に姉夫婦に子どもが生まれると、そういった気持ちも雲散霧消といった感じでどこかになくなった。俺は末っ子だったため、ずっと弟か妹が欲しかったからだ。だから姪や甥が生まれた時は飛び上がるほどに喜び、姉の家に遊びに行った時は率先しておしめを替えたり、あやしたりした。また、日々育児に追われている姉は忙しそうであったが、同時に幸せそうでもあり、そういった姉の姿を見て安堵したのを今でもはっきりと覚えている。

待ち遠しかった土曜日

俺が生まれてすぐ、父は世田谷区の千歳烏山に一軒家を買ってくれた。そこで母と長女、次女、俺の４人で生活をすることになった。ただ、長女は俺が物心ついてすぐに実家を出てひとり暮らしをはじめたため、あまり長女と一緒に生活をした記憶はない。父は千歳烏山の家にはほとんど来ることはなかった。１年を通して片手で数える程度だろうか、父がその家に訪れたのは。

父は自身の活動拠点であった浅草に、愛人の方と住み続けていた。組事務所も浅草にあったので、そのほうがいろいろと便利だったのだろう。いや、というよりは、その愛人の方との生活のほうが父には楽だったのかもしれない。その愛人の方のことを俺は当時から親しみを込めて「おばちゃん」と呼んでいたので、ここでもそう書かせてもらうが、そのおばちゃんは父の求めていることを何でも先回りしてこなしてしまうほど、とても気転の利く人だった。

そのような別居生活を俺が物心つく前から父と母は送っていたわけなのだが、月に必ず2回ほどは、土曜日になると母が運転する車で、父のいる浅草に行った。

父と一緒に食事や買い物だけして千歳烏山の家に帰ることもあったが、大抵は俺と次女だけそのまま浅草に残り、父のところに1泊して、次の日の夜に母に迎えに来てもらって千歳烏山に帰るといった生活を送っていた。その時の俺の喜びようといったら……。父と一緒に過ごせるのが楽しみでもあったが、それと同じくらいおばちゃんと腹違いの姉のレイと過ごせることを喜んだ。

おばちゃんは優しい上に料理もとても上手だったし、レイは歳が俺とひとつしか違わないこともあってか、他のどの姉よりも仲がよく、母や他の姉に言えないようなことでもレイには話せた。思えば幼少期、姉弟のなかで一番濃密な時間を過ごしたのはレイとかもしれない。それほど俺はレイのことを慕っていたし、ずっと一緒にいたいと願っていた。レイも、俺が遊びに行く前日には、ひとりでこっそり近所の神社へ足を運び、ありったけのお小遣いをお賽銭箱に投げ入れて、「今日、太一がお泊まりしてくれますように……」といつもお願いしてくれていたという。

そのような思いを常に抱いていたので、父のところに遊びに行く土曜日になると、いつも俺は無邪気に大喜びしていたし、父のところに泊まった翌日には「帰りたくない！」「もう1日だけ泊まっていきたい！」と、よく駄々をこねていた。そんな実の息子を見て、母は一体どんな心境だったのだろうか……。きっととても複雑な気持ちだったに違いない。「母の気持ちも考えず、母の前で少し軽率だったな……」と反省したのは、大分後になってからのことだった。

幼い頃に得た大切な〝仲間〟

父のところに遊びに行くと、必ず浅草にある花やしきに連れて行ってもらった。とはいっても父が一緒に行くわけではなく、お金だけ渡され、姉のレイと一緒に行くことがほとんど

浅草の自宅前で若い衆の方たちと餅つきをする父

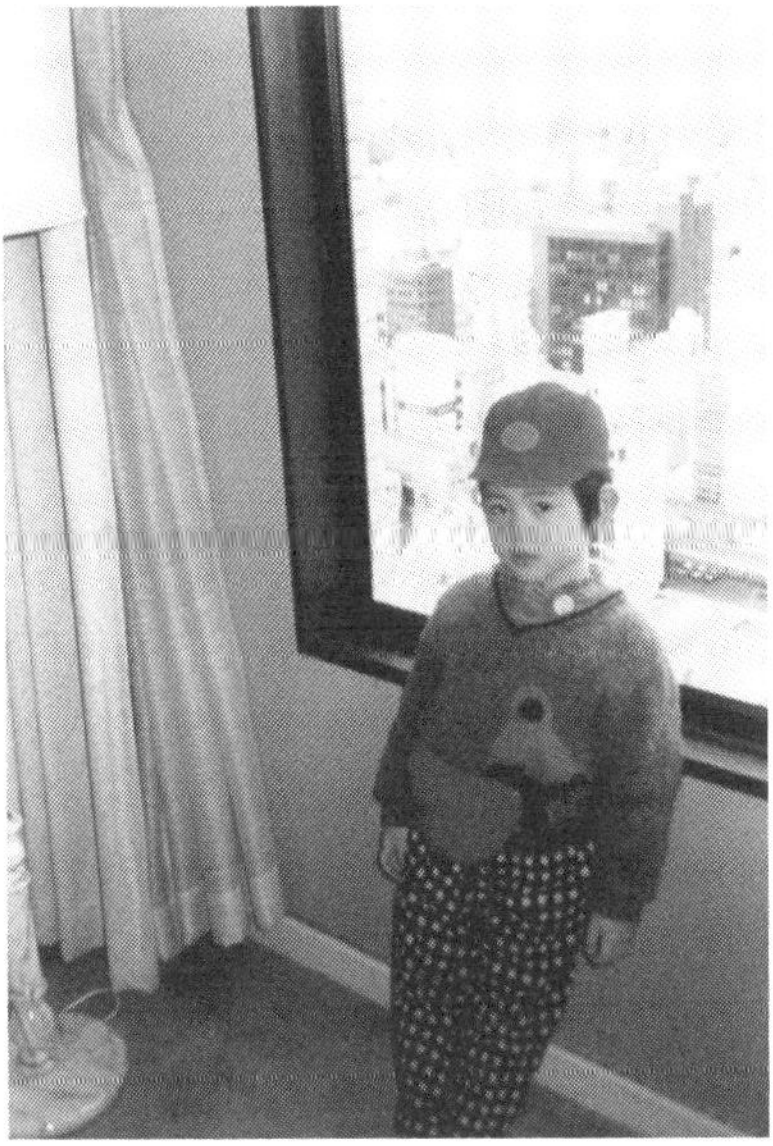

幼い頃から父と母にはたくさんの服を着させてもらった

毎年こどもの日になると、千歳烏山の家には大きな鯉のぼりが飾られた

だった。でも、東京ディズニーランドには父と一緒に行ったことがある。その時は父の若い衆の方も大勢一緒に付いて来ていたので、その方たちが代わりに人気アトラクションの列に並んでくれた。だから、どんな人混みのなかであろうと、その時ばかりは、「若！　こちらへどうぞ！」と、どのアトラクションに乗るのにも待つことはなかった。子どもというのは現金だからか、そのような時にも「父さんってすごいな！」なんて改めて思ったものだ。

父の運転手だった学お兄ちゃんに会えるのも、父のところに遊びに行った時の楽しみのひとつだった。

学お兄ちゃんは運転が上手なだけではなく、手先もとても器用で、俺が自分で作り上げることの出来ないプラモデルをよく代わりに作ってくれた。その他にも、俺のことをドライブに連れて行ってくれることもよくあった。そのようなことがある度に、「もし僕にお兄ちゃんがいたらこんな感じなのかなぁ」と思わずにはいられず、学お兄ちゃんのことを実の兄のように慕っていた。

学お兄ちゃんは父の一番近くにいつもいたので、いろいろな経験もしたそうだ。

父が他の組織の親分との掛け合いの場でテーブルについた時、

子どもの頃に連れて行ってもらった東京ディズニーランドで

「俺が片目を閉じたら相手を弾け」

と言われたことがあったようで、その時、学お兄ちゃんはまだかまだかと思いながら懐《ふところ》に入れた道具（拳銃）を握りしめて待っていたという。

また、常に父と一緒にいたからか、学お兄ちゃんは父から叱られることも多々あった。

父の機嫌が悪いのを察すると、他の若い衆の方たちは学お兄ちゃんを残して足早にその場から去っていったらしいので、そういった理由もあるのだろう。皆が「学に任せておけば何とかなる」と思っていたのかもしれない。そんな場面を目にする度に俺は父のところに飛んで行き、

「学お兄ちゃんは僕の仲間だからやめて！」

と止めに入っていた。

その当時から〝仲間〟なんて言葉を使っていたことには笑ってしまうが、それだけ学お兄ちゃんのことを大切に思っていたということだ。俺が32歳の頃に受け取った学お兄ちゃんからの手紙にはこのような言葉が書かれてあった。

〈私が親父から怒られていると、ター君が『学お兄ちゃん、僕の部屋に行こう！』と私の手を取って言ってくれ、ター君と二人っきりになった時が唯一心が休まる時でした〉

学お兄ちゃんも俺と同じように、その時の思い出を忘れずに大切にしてくれているのだなと思うと、とても嬉しかった。

学お兄ちゃんとは今も兄弟であり、〝仲間〟だ。

父の交友関係

父は生き方だけではなく、交友関係も派手だった。

あき竹城さん、具志堅用高さん、ポール牧さん、松方弘樹さんなど、付き合いのあった有名人の方の名前を挙げ出せばきりがない。具志堅さんからは試合で使用したグローブなどをいただいたりもしたそうだ。

同じスポーツ関係者なら〝噛みつきブラッシー〟の異名で鳴らしたプロレスラーのフレッド・ブラッシーもそのひとりだ。力道山と戦ったことやモハメド・アリのマネージャーを務め、アリ対アントニオ猪木戦の調印式などに同席したことでも有名な人だ。父が住む浅草の家に何度も遊びに来たことがあり、アメリカに帰った後も父宛によく手紙を送ってきてくれたという。

その当時レイは、ブラッシーだけでなく、ブラッシーの奥さんからもかわいがってもらったようで、「レイをうちでしばらく預かりたい！」とまで言ってくれていたという。アメリカで小学校の先生をやっていたそうなので、きっと面倒見がよい性格だった上、子どもも好きだったのだろう。レイは「ひとりでアメリカに行くのは……」と思い、その誘いを断ったそうだが。

そのような幅広い交友関係のなかでも、特筆すべき人物はやはりあの有名な俳優の菅原文太さんだ。

父と文太さんは互いに「兄弟」と呼び合い、よく一緒にお酒を飲んでいた。時には息子さんを連れて浅草の家に遊びに来ることもあった。

学お兄ちゃんがダイナマイトを使用した抗争事件で府中刑務所に服役することになり、その長い懲役を終えた時、放免祝いの場に文太さんも駆けつけてくれたという。文太さんは父だけでなく、その周りの人たちのことも大切にしてくれていたのだろう。

今とは違ってまだコンプライアンスも何も声高に叫ばれていない寛容な時代だったからこその話かもしれないが、それでも菅原文太という人間がどれだけ義理堅く、熱い男なのかが

石元会の組を挙げての放免祝い

菅原文太さんや具志堅用高さんと
一緒にゴルフに行くこともあった父

父とフレッド・ブラッシー

学お兄ちゃんの放免祝い時

菅原文太さんと一緒にいる時の父は本当に楽しそうだった

よくわかる話だ。そんなかっこいい男だったからこそ、父も亡くなるまで兄弟分として文太さんと付き合いをしていたのだろう。

同じ愚連隊出身の兄弟分

あの〝ボンノ〟の通称で知られる菅谷組の菅谷政雄さんも兄弟分の仲で、父とは昵懇の間柄だったという。例えば過去にはこのようなことがあった。

俺が特別少年院を出院後、少年院のなかでは読むことが許可されなかった菅谷さんに関する書籍を実家で読んでいると、それを見かけた母から、

「あっ、菅谷政雄さん（の本）じゃない！　懐かしいわ……昔よくお洋服をもらったのよ」

と言われたことがあった。

それほど菅谷さんとは家族ぐるみで仲がよかったのだろう。よく考えてみれば菅谷さんも父と同じで元々は愚連隊出身。そういったことも、ふたりの仲には関係していたのかもしれない。菅谷さんは父のためなら損得勘定なしでいつも動いてくれたという。

そう、愚連隊といえば「殺しの軍団」の異名で有名な柳川組の柳川次郎さんとも父は深い

仲だったと聞く。その流れからか、同じ柳川組の谷川康太郎さんは堅気になった後、父のそばにいたいと言って浅草に住んでいたそうだ。よほど父と波長が合ったのだろうか。学お兄ちゃんからは、「(谷川さんは)よく親父に『兄弟分になってほしい』と言っていたんだよ。親父はいつも断っていたけど」と聞かされたこともあった。それに対し俺が「なぜ父は断り続けていたのですか?」と尋ねると学お兄ちゃんは、「親父には親父で何か思うことがあったみたいだよ」と教えてくれた。父は谷川さんのボスだった柳川さんとも深い仲だったので、柳川さんの心情を推し量ったのかもしれない。

父の生き方

その当時、父の周りにいた人たちからは、父は〝実より名を取る〟人でも有名だったと聞く。当時はどこにも属さず一本でやっていたある組織の総長だった方が父の舎弟のひとりとして名を連ねていたらしいのだが、病で先が長くないことを悟った時に父に、「兄貴、俺が死んだら兄貴がうちの跡を継いで下さい」とお願いをしたという。しかし父は、「馬鹿野郎、お前の死に水を取るのは俺だけど、跡を取るのは俺じゃない」とその願いを断ったそうだ。

父の組織である石元会は愚連隊上がりの一本独鈷の組織だったため、東京の浅草を拠点としていたものの、縄張りというものはなかった。

だからか、父の周りにいた他団体の親分たちはその組織が持つ浅草の吉原一帯の縄張りの貴重性を説き、「兄貴、継いだほうがいいですよ！」と進言したそうだが、父は「自分の舎弟の跡を取れるか！　それは俺の生き方に反する」と言って、首を絶対縦に振らなかったという。その話を知った時は、「父らしいな」と思うのと同時に、「かっこいい生き方だな」とも思い、父のことをとても誇らしく感じた。父が亡くなった後も、そのような男同士の美談を語り継いでくれる人たちがいる。息子としてそんな嬉しいことはない。この場を借りて感謝を述べたい。

結局その組織は自分たちの組織内から跡を継ぐ方を出し、父はその後見人に納まることになったという。

父がヤクザの親分であったがために

父のところに遊びに行った時、もちろん楽しいことばかりがあったわけではない。「やっぱり父さんはヤクザの親分なのだな……」と強烈に再認識することも度々あった。

父のところに行けばイレズミを入れた大勢の若い衆の方が常駐していたし、実の息子である俺でさえ、父に近寄ることが憚られるような緊迫した状況の時もあった。

思えば俺と違ってレイは、父と毎日一緒に過ごしていたわけだから、そういった場面に日常的に遭遇していたはず。暴力的な言葉が頻繁に飛び交うなどといったことが子どもに対してどのような影響を与えるのか……。きっと俺の想像を絶するものがあったことだろう。レイの苦労は計りしれない。

幼いうちからそういった特殊で複雑な家庭環境で育ったので、俺は同世代の子どもたちよりませていたというか、周囲の空気を読むのには長けていたと思う。だからか、子どもながらに「父さんがヤクザの親分だということは、誰にも言ってはいけないんだな」と思っていた。

ただ、父は大きなベンツを運転手付きで乗り回していた上、いつも大勢の若い衆を連れて歩いていたので、千歳烏山の家で父と会った友人は皆目を丸くして驚いていた（そのベンツは深緑560CELで、日本で初めてその車種に乗ったのが父だというのは、ヤクザ業界ではよく知られた話だ）。それに近くで見るとわかるのだが、父は耳の下辺りからアゴ下辺りにかけて切り傷もあった。若い頃に義理場で突然ドスで斬り掛かられたそうだ。襲われた直後、ご多分に漏れず父は大暴れをしたそうだが、その傷跡は大きく残った。だが、まだ幼い俺が父に何度その傷跡のことを尋ねても、父は「昔、猫に引っかかれたんだ！」と豪快に笑うだけだったが。

さすがにイレズミだけは見えないように母が気遣っていたが、父は映画俳優も顔負けなくらい派手な格好をしていた上、昔、友人を救うために詰めたらしく、小指も欠損している。そして、その豪放磊落な立ち振る舞い……。父が只者ではないことはダダ漏れで、やはり俺が通っていた学校でも、「石元君のお父さんはヤクザの親分らしい」という噂は何度も立った。その度に火消しではないが、否定はし続けていたが。

加減を知らない男

父が千歳烏山の家に来た時のエピソードで、このような話がある。

まだ俺が小学3、4年生の頃、家の目の前でカードダスのレアカードを賭けて友人たちとじゃんけんしていた時、たまたま父が通り掛かり、

「おもしろそうなことをやっているな、太一！　俺も入れてくれ！」

と言って、突然カードの代わりに分厚い長財布のなかから1万円札を出して参加をしてきたことがあった。幼い頃から父に会えば必ず1万円のお小遣いをもらっていたので、俺自身は特段驚きはなかったのだが、それを見た友人たちのほうは皆、喜ぶ前に絶句してしまっていた。千歳烏山の家には大きな孔雀の剥製や立派な額縁に飾られた絵画など、高価な物が多く飾られていたので、そういった物を見た時点で誰もが目を丸くしていたが。

また、父が近くのスーパーに買い物に行ったから迎えに行くよう母から頼まれた時、友人とふたりで父のところに顔を出すと、父は珍しくひとりで買い物をしており、

「どうした？　何か欲しい物でもあって来たか？」

と言って、俺と友人に好きな物を買うよう勧めてきた。いや、〝勧めてきた〟だと少し語弊がある。「遠慮するな！　欲しい物は全部買え！」と、半ば強制的だった。いくつものビニール袋が満杯になるほどの買い物に、友人はただただ驚いていた。

俺がまだ小学校低学年だった頃は、毎年誕生日になると、家に多くの友人を招いて誕生会を開いていたのだが、友人たちからプレゼントをもらうだけでは悪いので、食事やお菓子の

他に、毎回何か見合ったお返しを用意していた。思えばその頃から俺は、そういったパーティーやイベントを企画するのが好きだったのかもしれない。

そんなある年の誕生会、友人たちに「今年はお返しに何か欲しい物ある?」と聞くと、当時大流行していたビックリマンシールが欲しいという返答が。ただ、信じられないかもしれないが、お菓子といえどもその当時は社会現象になるくらいビックリマンチョコは大人気だったため、大量に購入することは難しかった。

どうするべきか悩んでそのことを父に相談すると、ある日突然家に大量のビックリマンチョコが届いた。父がどうやって手配したのかわからないが、それは俺自身も驚くほどの量。押し入れの半分が埋まってしまうほどの量だった。母はそれを見て「やりすぎ!」と言って怒っていたが、何でも加減というものを知らない父らしいといえば父らしかった。

そう、加減を知らないといえば前述したカードダスもそうだ。

ガチャポンのように機械に20円、または100円を入れてカードを購入するのだが、そのカードを集めるのが友人たちの間で流行っていた。父と食事をしている時にそのことを話すと、後日まだ機械にセットされる前の箱詰めのカードが大量に父の家にあった。俺へのサプ

父が祝ってくれた誕生日

ライズプレゼントとして用意してくれていたようなのだが、カードダスというのは毎回お金を入れてカードを引くこと、レアカードが出るかどうかドキドキすることに射幸心があおられるというか、楽しみがある。まとめて買うのでは何の楽しみもない上、同じカードをたくさん持つことになってしまう。ダブったカードは、友人たちにあげたらすごく喜んでもらえたのでよかったが、やはり父は加減というものを知らないなとは思った。

父と犬

父は動物が好きだったようで、浅草の家には大きな水槽の他に、庭には冷暖房を完備した大きな犬小屋まであった。父はそこでグレート・デーンを飼っていた。そのグレート・デーンを連れ、父は毎朝隅田川沿いにジョギングに出掛ける。その間に若い衆の方たちが犬小屋の掃除を。そして父は帰って来ると朝風呂に入り、風呂上りの父の体を若い衆の方が拭く。その後何品もおかずが並んだ豪勢な朝食を父は豪快に摂るのだが、それら一連のルーティンがすごく様になっていて最高にかっこよかった。

さすがにグレート・デーンを飼いたいとは思わなかったが、そんな父の姿を見て、俺も犬が飼いたくなった。それは次女も同じだったようで、家のなかで飼えるような小型犬を欲しがっていた。そこで反対をする母に内緒で、ふたりで父におねだりをしたわけなのだが、いつものように父は「いいぞ」の一言。基本、そういった子どもたちからの願い事を父は断らない。また、父の決定には誰も逆らえない。もちろん、子どものしつけに厳しい母も、だ。なのでその瞬間、犬を飼うことは決定したも同然だった。

ただ、この話にはオチがある。

後日、父と一緒に知り合いのペットショップに行くと、不運（？）なことにそのペットショップのオーナーが「会長、今すごい犬がいるんですよ！」と突然言い出したのだ。

その時、嫌な予感を感じたのはきっと俺だけではなかったはずだ。それは俺の隣に立っていた次女の表情を見ればわかった。ペットショップのオーナーは、アメリカのギャングが飼う獰猛でまだ日本に20頭ほどしかいない希少な犬がいることを父に伝えてしまい、いくつになっても少年心を片時も忘れない父は、その話に目を輝かせはじめた。隣でその父の様子を見ていた俺と次女はげんなり。すぐに腹をくくることとなった。

その犬が我が家に来ても次女は一向に興味を示さず、世話やしつけはすべて俺が負うこととなった。

噂に紛うことなく、その犬は獰猛も獰猛。体が大きくなるにつれ、まったく俺の言うことを聞かなくなってしまったが、犬というのは人を順位付けするのか、父の言うことにだけは従順だった。結局、父以外誰も手がつけられなくなり、その犬は手放すことに。父はその結末に、「もう頼んできても2度と買ってやらないからな！」とひどく憤慨していたが、内心俺と次女は、「いやいや、ちょっと待って父さん……あんな狂暴な犬、誰も欲しいだなんて言ってないから……」と思ったり、思わなかったりした。

石元家から破門となったオウム

千歳烏山の家でも、犬以外の動物を飼ったことがある。

腹違いの姉、レイの影響で俺は何度も小鳥を飼ったし、次女はうさぎを飼ったりしていた。小鳥に関しては、家の近所に多くの野良猫が住みついていたため2度ほど飼っていた小鳥を食べられてしまったことがあり、その度にすごく悲しい思いをした。どの小鳥もひなの頃から育てていたので、それだけ小鳥たちに対して強い愛情を抱いていたからだ。だからか、別に嫌いというわけではないのだが、俺は今まで猫を飼ったことがない。

そんな我が家に、ある時新たな家族の一員としてオウムが加わった。

オウムというのは、周りで聞こえる音を勝手に学習し、発声する。最初の頃は家族皆がそういったオウムの能力をおもしろがっていたのだが、いつの日からか笑えない事態へと陥っていった。そのオウムが父の若い衆の方たちの言葉を勝手に学習し、気がつけば「親分！親分！」と発声するようになってしまったのだ。

母は子どもたちの友人が家に遊びに来た時にまずいことになると考え、俺や次女に内緒で郵便局の伝言板に「オウムが欲しい方、あげます」という紙を貼り、知らない誰かに勝手にあげてしまった。「親分」という一言を覚えたがために石元家を離れることになったオウム。不憫でならなかったし、彼もまた父に翻弄された人生（鳥生？）を歩んだといえよう。

強制された習い事

父から強制されたのは犬種のことだけではない。習い事もそうだ。父は常々俺に「男は人前で涙を見せてはならない」「男は強くあれ」「人を裏切るような人間にだけはなるな」と言っていた。だからか、俺に勉強しろとは一言も言わなかった代わりに、男らしく振る舞うことを強く求めた。そういったことが関係してか、父からは空手と水泳を習うよう命じられた。

両方共幼稚園生の頃から通い出し、空手は6年間、スイミングスクールには4〜5年間ほど通っていた。習い事がある時は、俺がサボらずにちゃんと通うよう、父からお目付役を命じられた母が毎回送り迎えをしてくれた。母からすれば大変なことだったと思うが、行き帰りの車のなかで母とふたりっきりで過ごす時間は、今となって思えばとても貴重だったと思う。

そのように幼い頃から水泳を習っていたためか、俺は今でも水のなかが好きだ。海やプールを見るだけで何だかテンションが上がる。成人してからサーフィンやジェットスキー、ウェイクボードなどが好きになったのも、そういったことが関係しているのかもしれない。

他にも習い事はした。

母からの勧めで3年間ほど書道を習ったし、地元のサッカークラブにも2年間ほど通った。サッカーに関しては生まれて初めて自分の意志で習いたいと思った習い事だ。小学校のクラブ活動で友人たちとサッカーをしていた時、同じクラブのメンバーたちに誘われて地元のサッカークラブに通うことにしたのだが、その前にひとつ越えなければならないハードルがあった。それは、空手と並行で通うことが難しくなるために生じたハードルだった。

母からは「そんなにサッカーを習いたいのなら、ちゃんと自分の口からお父さんに言って、空手を辞めさせてもらいなさい」と言われたので、いつものように父のところに遊びに行った時に意を決してその旨を伝えた。

もしかしたらあの父のことだ。「サッカーなんかよりも空手を続けろ！」と怒るのでは、と思ったのだが、意外にも反応は悪くなく、「習うのだったらちゃんと続けろよ」と言うだけだった。空手に関してはある程度の期間しっかり通い、大会などで賞をいただいたりもしていたので、そういったことがあの父を少し寛大にしたのかもしれない。

子どもの頃に抱いた夢

父は俺に対し「勉強しろ」とは一切言わなかったが、「お前は必ず大学まで行け。そして、医者や弁護士のような立派な人間になるんだぞ」「人の役に立つ、人を助けるような職業に就け」とはよく言っていた。

「人の役に立つ」「人を助ける」。そんな言葉を口にするということは、何か父のなかで〝贖罪〟的なことを、子である俺を通してしたかったのかもしれない。

ただその一方で父はお酒に酔った時、「もし俺に何かあった時には、息子であるお前が相手のタマ（命）を獲りにいくんだぞ」と俺に言うことがあった。その時は「ヤクザの世界というのはそういうもので、父さんの息子に生まれたからには避けられない、避けてはいけないことなんだ」と、子どもながらにぼんやりと理解したものだったが、後に的場浩司さん主演の映画『ドンを撃った男』を観た時に改めてその父の言葉を思い出し、ぼんやりとしていた理解の輪郭がはっきりとした。だが、当時の俺はそんな父の願いとは裏腹に、将来は子どもに空手を教える指導者か、サラリーマンになりたいと思っていた。空手の指導者になりたいと思った理由は、その当時俺に空手を教えてくれていた師範代が俺の目にはとてもかっこよく映っていたからだ。サラリーマンへの憧れは、毎日大体決まった時間に家に帰ることが出来るからだった。

俺は父親がヤクザの親分という特殊な家庭で育ったため、他の一般的な家庭と比べ、父親と接する時間がとても少なかった。だから、いつか自分が父親となった時には、極力家族と一緒にいる時間を作りたいと思っていた。その答えが、サラリーマンという選択だった。今になって思えば、「子どもが考えそうなことだなぁ」とも思うが、その頃の俺は大真面目に家族団欒というものに強い憧れを抱いていた。

初めての入院生活

父からは大学まで行くことを勧められていたのだが、小学生の頃の俺はじっとしているのが苦手で、授業にも集中出来ず、あまり勉強が出来なかった。だがその代わりに人を笑わせることにはすごく長けていて、クラスのムードメーカー的存在だった。単純に人を喜ばせたり、人の笑顔を見るのが好きだった。

でも思えば、小学1年生の頃は、まだ勉強は出来ていた気がする。おそらく俺が勉強嫌いになったのは、小学2年生の頃に盲腸になり、入院生活を余儀なくされたことがきっかけだ。たかが1、2週間程度の入院期間だったが、俺が授業についていけなくなるには充分な期間だった。

盲腸が発覚したのは浅草の病院。その日俺は、母と次女と一緒に父のところに顔を出しに行っていて、父を除いた3人で「浅草ビューホテル」に泊まっていた。

父との夕食を終えホテルに戻ると、突然の腹痛が俺を襲った。

「お腹がすごく痛い！」

そう訴えかける俺に母と次女は、「昼間にアイスをたくさん食べすぎたからよ」と言って、はじめは真剣に取り合ってくれなかった。

だが、あまりにも長い時間俺が腹痛を訴え続けるので、母と次女もさすがに「様子がおかしい」と思ったのか、病院へと俺のことを連れて行ってくれた。そこで医師から「盲腸のようです」と告げられた後、「なぜもっと早く連れて来なかったんですか！　もう少し遅かったら大変なことになってましたよ！」と母は叱られたという。

後から病院に駆け付けた父や俺の母親だと勘違いをされた愛人のおばちゃんも同じように医師から言われたというから、よほど危うい状態だったのだろう。その話を後から聞いた時は、医師と父から怒られた母に対し申し訳ないなと思うのと同時に、「もっと全力で痛がっておけばよかった……」と、自分の我慢強さを呪い、後悔した。

入院中は毎日母が面会に来てくれた。毎日朝起きて洗面と朝食を済ますと、いつも病室の窓から外を眺めていた。「まだ来ないのかなぁ……」と思いながら、母の運転する車をずっと捜していた。

父もたまに来てくれ、その度に大量のおもちゃを買ってきてくれた。地元から離れた大きな病院に入院していたため、友だちは誰も面会に来られなかったので、おもちゃやゲームなどひとりで時間を潰せるものが本当に有り難かった。

父が買ってきてくれたもののなかには、当時ではまだ珍しかった小型のテレビがあったのだが、なぜかよく映らなくて夜中にひとり病室で四苦八苦していたら、担当医師が来て、よく映るように設置していってくれた。その時担当医師は人差し指を口に当てながら俺に、「私がやった（設置した）って皆に言ってはダメだよ」と微笑みながら言った。なぜ皆に内緒にしなくてはならなかったのか……他の患者からも頼まれてしまうのが面倒だったのか、その理由はよくわからないままだったが、その医師との約束は今こうして書き記すまで約34年間守り続けた。もう時効ということで、今更約束を破ったことをその先生も咎めはしないだろう、きっと。

思い出のクリームパン

手術後、しばらくの間食事を摂ることを禁止されていたのだが、身体も精神もまだ幼かった俺にはこれがなかなか堪えた。

「お腹が空いたー!」

よくそう言って母のことを困らせていたのを覚えている。そんな時、病室で俺に付き添ってくれていた父の若い衆の方が、病院の売店でクリームパンを買ってきてくれた。

「皆には内緒だよ、若」

そう言ってにこっと笑い、ビニール袋のなかからクリームパンを取り出し手渡してくれた。あの父のことだ。もし自分の若い衆が勝手にそのようなことをしていたのを知れば、「医者から言われたことを無視して、勝手に何をやってるんだ!」「それで何かあったらどうするんだ!」と言って、きっと烈火の如く怒ったことだろう。それは若い衆の方もわかっていたはず。にもかかわらず、俺のためにそういったことをしてくれた。まだ幼いながらもそこまで汲み取れたので、その若い衆の方の気持ちがとても嬉しかった。俺にとってはその時食べたクリームパンが今まで食べてきたなかで一番おいしかったのだが、その時のことを思い出す度に、「食事の味というのは誰と一緒に食べるか、また、どのような状況や状態で食べるかでも変わってくるのだな」と考えさせられる。

退院日、病院内の公衆電話から父に電話をかけた。

「何時頃、迎えに来てくれるのー？」

そのようなことを電話口に向かって言っていると、よく話し相手になってくれていた看護婦長がたまたま通り掛かり、

「またお父さんに電話してるの？　じゃあお父さんに『お金をたくさん持ってきてね』って言わなきゃ駄目よ。じゃないと退院出来なくなっちゃうから」

と笑いながら言ってきた。その看護婦長は冗談のつもりで言ったのだろうが、俺はその言葉を額面通りに受け取り、電話越しの父に向かって、

「お父さん、来る時はお金をいっぱい持ってきてね！　お金がないと僕、退院出来なくなっちゃうから！」

と言ってしまった。父は大笑いをしながら、

「そうか、そうか！　わかったから心配するな！」

と言っていたが、それが運の尽きだった。その日からしばらくの間は、「太一はなー、病院から退院する時俺に電話をかけてきて……」と、何かある度に人前でからかわれ続けた。

そしてその度、俺の脳裏には看護婦長の顔が。「言われた通りにお父さんに伝えなければよ

かった……」そう何度後悔し、看護婦長のことを恨んだことか……。

ブタのブローチ

俺が盲腸になった小学2年生の頃、担任は若くて優しい女性の先生で、いつも目をかけてもらっていた。

ただその先生、俺が3年生に進級する直前に、「好きな人の名前を今から配る紙に書いてね。もし両想いの人がいたら、先生が後でこっそり教えてあげるから」と言って、突然アンケートを実施しはじめた時には正直参った。年頃的にそのようなことは誰にも知られたくもなかったし、そういった感情さえも非常に曖昧でハッキリしたものではなかったからだ。

だから俺は何も書かず白紙で提出した。

でも、先生が残してくれたのは戸惑いの思い出だけではなく、2年生最後の日、クラス全員に先生の母親と一緒に作ってくれたというかわいいブタの形をしたブローチをプレゼントしてくれた。「ブタ好きの先生らしい贈り物だな」と思い、その日早速自分の服に付けて下校したのを覚えている。紙粘土で作られたとてもかわいらしいピンク色のブローチ。そのブローチは実家のどこかに今も眠っていると思う。

幼馴染みが語った言葉

小学校の3年生に上がった時、後に同じ中学校に通い、成人後も連絡を取り続けることになる友人と出会った。クラス替えによって同じクラスになったのだ。最初は「何だかガキ大将みたいな奴だな」と、彼のジャイアン振りが目に余ったが、その友人はスポーツが万能だったため、よく一緒にサッカーや野球をやった。思えばその時に、スポーツの楽しさというものを知った気がする。それまでは空手や水泳といった個人競技しかやったことがなかったので、サッカーや野球を通して初めてチームプレイの楽しさだったり、難しさだったりを理解したのだと思う。

その友人は大学を卒業後に中学校の教員になったのだが、俺が地元に帰り一緒にお酒を飲む時には、決まって彼の仕事の話になり、

「太一が中学生の頃、先生たちが『学校にちゃんと来い』と言って家まで迎えに行ったりしていたけど、ひとりの生徒に対して普通はそこまでしないし、労力的にもそこまで出来ない

よ。自分が教師になってみてよくわかった。俺たちが一体どれだけ恵まれていたのかを」と、教師側の視点で過去の出来事について多くのことを教えてくれた。そういった話を聞く度に、俺は過去関わってきた先生方に対し、申し訳なさと有り難さが募ったものだった。

またその友人は、「今の若い子たちは皆真面目だよ。俺たちみたいに教師に迷惑をかける生徒はいない。ただ運動に関しても出来る子は少ない気がするけど。なかには簡単に骨折してしまう子もいたりするからね」とも言っていたが、今は公園など外で遊べるところも少なくなり、家でゲームをする時間のほうが増えてきてしまっているのだろうか。時代の流れ、移り変わりというものを感じた気がした。

忘れることの出来ない型破りな先生

小学4年生の時、初めて担任の先生が男の人になった。

その先生はとても変わっていて、授業の仕方からレクリエーションまですべてがユニーク。勉強にしても、遊びにしても、常に全力だった。

「前日夜更かしをしてしまった」と言って、突然生徒たちのテスト中に堂々と寝出したり、また「雨が降って外で体育が出来ないから」と言っては、〝雨でこま（困）っ大会〟なんていう独楽を使った大会を開いたり……。それだけ聞くと「何だか不真面目そうな教師だな……」と思われるかもしれないが、そうではない。驚くほどの私費を投じて、授業で役に立ちそうなものを買い揃え、用意周到に授業への準備をしたり、時間割も国語や算数が2時間続く日があったりと、〝教育〟というものに対して一家言を持っていた。とにかく型破りな先生だった。

そのような先生だったのでクラス全体常に笑いが絶えず、他のクラスの生徒たちもよくうちのクラスを覗きに来ては、「僕ももっちゃん（その先生のあだ名）のクラスがよかったなぁ」と言っていた。それほど生徒たちの心をつかんで離さない先生だった。

俺は生徒のなかでも特にかわいがられた気がする。きっとよく皆の前で冗談を言っては、クラスで目立っていたからだろう。先生とは掛け合い漫才のように冗談を言い合った。

ただ、あることに関してはその先生からいつも厳しく注意を受けていた。それは理科の科学実験の時だ。

実験中は薬品や火を使って危ないからか、先生からは理科の実験前になると毎回必ず「いしゃん（当時の俺のあだ名）、実験中だけは絶対にふざけちゃダメだ。真面目にやらないと」と釘を刺されていた。

だが、そこで羽目を外してしまうのが俺という男だ。普段不真面目な生徒も含め、皆が異様なまでに真剣に取り組んでいる姿を見ると、ついふざけてしまいたくなり……。同じテーブルで実験をしている他の生徒たちを笑わせようと俺がぽつりぽつりと冗談を言うと大爆笑が起こり、その度に先生からの雷が。

「いしやん！　何度言ったらわかるんだ！　理科室の外で立ってろ！」

そのような感じで、理科の実験中はいつも廊下に立たされていた。おかげで後に少年院のなかでいくら謹慎期間を命じられてもへっちゃらなくらいの忍耐力は養われたんだが。やはり若い頃の苦労は買ってでもするものだ。まぁその時は苦労ではなく、単なる自業自得で受けた罰だったのだが。

日本語の難しさ

その先生とは小学校を卒業してからも会う機会があった。俺が中学1年生の頃に母校の小学校まで会いに行った時はただ話をするだけだったが、中学3年生の頃に会いに行った時には先生が夕食をごちそうしてくれることになった。

同じ先生の教え子だった俺の幼馴染みのキンちゃんとオオさん、そして先生の教え子でも何でもない友人がふたり。まったく関係のないふたりの友人にまで食事をごちそうしてくれるというのだから、その先生は優しく、太っ腹だった。ただ、その時ある事件が起こった。

先生が連れて行ってくれるお店が母校の小学校から距離があったため、先生の運転する車でそのお店まで移動することになったのだが、当時、先生が乗っていた車はセダン。ということは、助手席にふたり乗るか、後部座席に4人が座るかしなければならなかった。そこで先生の指示で、俺たちのなかで一番体が大きいオオさんが助手席に座ることに。俺たちは大はしゃぎで先生の運転する車に乗り込んだのだが、思っていた以上に後部座席は狭かった。

それに対し、助手席に座るオオさんは非常にくつろいだ様子。

座席だけでなく心も狭かった俺たち後部座席4人衆はそれが気に入らず、オオさんに向かって後ろから「図体も態度もでかいぞー」など、ふざけながらだが罵声を浴びせ続けた。

すると普段は温厚なオオさんも珍しく怒ってしまい、突然壊れたロボットのようにうんともすんとも言わなくなってしまった。そして、それらのやりとりを隣で一部始終見ていた先生が見かねて仲裁に。

「いしやん、オオさん、仲直りしろ！　今ここで！　じゃないと（食事するのをやめて）帰るぞ！」

現金な俺とオオさんは「これはまずい」と思い、すぐに、

「オオさんの図体と態度は確かにでか過ぎだけど、言い過ぎた。ごめん」

「……うん。けど、それって謝ってる？」

と言って、互いに手を差し出し、がっちりと握手。オオさんは若干腑に落ちない様子だったが、和解が成立した瞬間だった。

だが、話はこれで終わらなかった。

先生が連れて行ってくれたのはすき焼きとしゃぶしゃぶの食べ放題のお店で、どちらかのコースを選ばなければならなかった。

先生とオオさんはしゃぶしゃぶ、俺を含めたそれ以外の4人はすき焼きと、そこで見事に意見が分かれてしまった。当然、その日のお会計を持つ先生は、ひとりで3・5票分くらい

の影響力があるため、すき焼き一派は完全に分が悪かった。

そこで、すき焼きをこよなく愛する一派のリーダーの俺が、この不利な状況を打破しようと交渉に動いた。

「オオさんが（すき焼きに）変えればいいのに」

本当にさりげなく、そして穏便な感じでオオさんの心変わりを促した……つもりだった。だがしかし、俺のその言葉を聞いたオオさんの顔つきはみるみると変わり、突然回れ右をして足早に駅のほうへと歩き出してしまった。俺たちはオオさんの豹変した態度に理解が出来ず、ただただ唖然とするしかなかった。その時、このままオオさんを帰すわけにはいかないと思ったのか、先生とキンちゃんだけはすぐにオオさんの後を追い掛け、戻るよう説得を試みたが、そんな甲斐も虚しく、オオさんは無言のまま駅の改札口へと吸い込まれていった……。

オオさんの帰宅後、残った俺たちは皆で悩んだ。なぜオオさんは急に怒ってしまったのだろう、と。オオさんが帰ったために手中に収めることが出来たすき焼きをほおばりながら……。

結局その日はオオさんが突然怒ってしまった理由は何もわからぬまま、ただ〝オオさんの乱〟というネーミングだけが決まり、解散となった。が、まだ話は続く。

次の日、突然俺の家にオオさんから電話が。

食べ物の恨みは怖い。それは誰もが知るところだ。なので俺はオオさんから決闘でも申し込まれるのではないかと、少し身構えた。だが、電話口から漏れてくるオオさんの声は「いしやん？　俺だけど、起きてたー？」とすこぶる明るく、俺が戸惑った感じで「別に起きてたけど、どしたの？」と素っ気なく答えると、オオさんは続けて「先生から電話があって全部聞いたよ。俺が勝手に勘違いをしたみたいでごめんね、いしやん」と言ってきた。

どうやら俺たちと別れた後、先生は先に帰ったオオさんのことが心配でわざわざ電話をしたみたいだった。生徒想いの優しい先生らしい。昨夜とは打って変わって饒舌に語るオオさんに、俺はずっと疑問に思っていたことをぶつけてみた。

「俺は食事も出来たから全然気にしてないけど、昨日は何で急に怒ったの？」

するとオオさんの口からは予想外の言葉が返ってきた。

「〝オオさんが変えればいいのに〟が〝オオさんが帰ればいいのに〟に聞こえちゃって」

そう言ってオオさんは恥ずかしそうに笑っていたが、俺は驚くしかなかった。俺としてはちゃんと発音したつもりだったのだが、その直前に車内で起きた軽い諍いが真意を歪めてしまったのだろう。そういったことが及ぼす影響、いや、バイアスというものをその時初めて痛感した。そして同時に「日本語は難しいな」とも。俺がもう少し丁寧な言い方で、「オオさんが変更してくれればいいのに」と伝えていれば、きっと何の誤解を招くこともなかっただろう。完全に俺の配慮不足だった。でも、日本語の難しさを知るにはよい機会にはなった。まぁそのために高い授業料を払ってくれたのはオオさんなのだが。だがこの話はそれで終幕ではない。まだもう少しお付き合いを。

俺がオオさんに尋ねたことはまだあった。それはなぜオオさんがそこまで意固地になったのか、ということだ。

「キンちゃんと先生が（帰るのを）止めに行ったのだから、意地を張らないで素直に戻ってくればよかったのに」

そうオオさんに言うと、オオさんはその時の心情をこう吐露してくれた。

「ホントは俺も戻ろうかなと思って切符売り場のところで立ち止まって少し考えてたんだけど、その時キンちゃんから『オオさん戻ろうよ！　せっかくここまで来たんだから！　……でも京王線（の切符売り場）はあっちだよ』と指差されながら言われた瞬間、『あ、本当はすき焼きを食べるためにも俺に帰って欲しいんだな』と確信してさ……」

オオさんには悪かったが、「なるほど、トドメはキンちゃんの余計な一言か……」と、その話を聞いた時は思いっきり笑ってしまった。昔何かの本で、〝ドSの究極系は優しさ〟だと書いてあったが、本当にその通りだろう。キンちゃんのその優しさは、オオさんの心身に非常に堪えたはずだ。時に優しさは罪になる。

ファンキーな友人の母

前述した通り小学5年生になった頃、友人たちに誘われ、地元のサッカークラブに入った。そのサッカークラブのメンバーは、大半が俺が通っていた小学校の生徒たちで構成されていたのだが、そこにひとり非常にユニークなヒロという名の男の子がいた。いや、正確にはそのヒロの母親がユニークだったのだが。

その母親はかなりの子煩悩だったようで、家に遊びに行けば友人たちの前で「ヒロ、下の毛が生えてきたら言いなさいよ。赤飯を炊いてお祝いをするから」と突然何の脈絡もなしに言い出したり、サッカーの試合時には、強豪チームを相手に立て続けに失点を重ねたゴールキーパーの我が子を不憫に思ったのか、突然泣き出しながら「誰かー!! もうヒロと（ゴールキーパーを）代わってあげてー!!」と叫んだ。かと思えば、その試合でコーチが気遣ってかヒロをゴールキーパーからフォワードへとコンバートすると、今度はボールがゴール前に上がるたびに「ヒロー!! オーバーヘッドキーックッッッ!!」と叫び出す始末で……。その時同じフィールドにいた選手たちは、「随分強烈なお母さんだな……」『キャプテン翼』の読み過ぎだろ……」「そんなことを出来るテクニックがあったら、そもそもゴールキーパーなんかやってないでしょ」と一様に苦笑いを浮かべていたのはいうまでもあるまい。

思春期や反抗期になると子は親を遠ざけるようになるなんて聞いたことがあるが、確かに俺も親の言動が妙に気になる時期というのはあった。だが、ヒロの母親に比べたらうちの母親の言動などとてもかわいいものに思えた。

2章　中学時代

はじまる不良化

地元の中学校に入学すると、俺の通っていた小学校出身の生徒はマイノリティーになった。ちょうど隣の中学校との学区の関係で、生徒たちが二分されてしまったからだ。でも、そのおかげで隣の中学校がどのようなところなのかという情報は、友人たちから定期的に入手することが出来た。

中学入学と同時に、母の知り合いが経営していた塾に通うことにもなった。そのおかげか、小学生の頃は後ろから数えたほうが早かった成績順位が、一気に平均以上へと押し上げられた。テストでも平均点以上は取っていたので母も喜んでくれてはいたのだが、当人の俺はそうではなかった。塾に通ったことで〝頭が良くなった〟という実感はまったくなく、ただ学校の授業の先回りをして勉強、暗記をしているだけという感覚があったからだ。なので、塾というものに対し虚無感を抱き、3学期に入る頃にはまったく行かなくなってしまった。

またそれを機に、夜遊びをするようになり、髪の毛を染めるようにもなった。既存の枠からはみ出す、つまり世間でいう〝不良化〟というやつだ。その程度は、今の俺からすればとてもとてもかわいいものだったが。

俺が不良化し出した要因は、学校の授業や教師から付けられる点数や成績に虚無感を抱いたことだけではないと思う。中学に入ってから出会った友人たちの影響も少なからずあった。

俺は小学校を卒業する少し前くらいから、次女の同級生でもあった3歳上の先輩たちと遊ぶようになっていた。

その先輩たちは積極的に夜遊びなどをするタイプではなかったので、俺の不良化に直接的な関係はなかったが、スケートボードやファッションのことなど、高校生の間で流行っていることを教えてくれ、俺をませさせたことだけは間違いない。

そんなある日、地元のワルとして有名だったある兄弟のことで、

「多分いしやんが中学に上がったら、同級生に神楽という奴がいると思うんだけど、そいつの兄貴たちが悪くて有名だから、絶対かかわらないほうがいいよ」

と、釘を刺された。

その話を聞いた時、俺は逆にその神楽という人間に興味を持ちもしたが、俺が入学する予定だった中学は1学年5クラスもあったので、「そいつと接する機会なんてそうそうないだ

ろ……」と、話半分に聞いていた。だが神の戯れか、中学に入学してすぐに俺は驚くことになる。

入学式初日、クラスで生徒ひとりずつ順番に自己紹介をしていったのだが……いたんだ、神楽敬蔵と名乗る生物が。「俺って引きがいいな」と思わずにはいられなかった。

その当の神楽本人だが、ユーモアもあって実際はとても付き合いやすい人間だった。敬蔵の兄ふたりもグレにグレていたからか、敬蔵の両親共に放任主義で、門限などが一切なかったことも付き合いやすさに拍車をかけた。

中学の入学式を境に、俺は敬蔵のことを〝ケイ〟と呼び、よく時間を共有するようになるのだが、共に関東連合に加入することになるのはまだ少し先の話になる……。

母の決断

俺が中学2年生の頃、父と母が離婚した。離婚を切り出したのは母からだったという。

「10年も苦労して父のことを待ち続けたのに、今更なぜ？」

そんな俺の疑問に母は、「女の意地よ」と答えた。母は父とは真逆の人で、俺が知る誰よりも温厚、そして常識人だ。母みたいな人が父なんかとなぜ一緒になったのか……俺や姉たちの間でも不思議極まりないことだった。そんな人がそのような言葉を口にするのだから、よほど譲れないもの、我慢し続けたものがあったのだろう。俺はそう察して、母のその決断に対し、何も反対はしなかった。

その時、母から「太一は私とお父さん、どっちについていく?」と尋ねられたので、「母さんに決まってんじゃん」と答えた。迷うまでもない、即答だった。

父についていけば学ぶことも多く、それなりの生活は保障されていたのかもしれないが、お金の問題なんかはまったく気にならなかった、母がいてくれれば。俺は生まれた時から常に母と一緒だった。嬉しいことがあった時も悲しいことがあった時も、いつも俺の隣には母がいて支え続けてくれた。ためになる言葉、素敵な言葉と共に……。その母と離れることなど考えられなかった。

父と母が離婚する頃には家も狭いところへ引っ越すことになり、生活水準もかなり下がることとなったが、そんな生活も楽しかった。母も姉も友人たちも変わらずそばにいてくれたからだろう。そのことだけは何も変わらなかった。

思い返せば俺は、裕福な生活もそうでない生活もそれなりに嗜んだ。時には父がヤクザだということで差別みたいなことも受けた。でも、そういった経験が俺の人に対する理解力を育んだ気がする。そう考えると、どのような経験も積んでおいて損はないと思える。少年院や刑務所に入ることさえも。

今も輝きを失わない星

「時には父がヤクザだということで差別みたいなことも受けた」と書いたが、俺が中学生の頃、よくこのようなことがあった。

俺が周りの友人たちと一緒に悪さをした時、友人の親たちのなかには「だから石元さんのところの子どもとはかかわるなと言ったでしょ！」「父親がヤクザだからあの子もグレているんだ」「石元君にそそのかされてやったんでしょ？」と言って一方的に俺だけが悪いと決めつける人たちがいた。また、親や教師に対する弁解として、それに乗っかる友人も残念ながらなかにはいた。そんな周囲からの視線や言葉はもちろん母の耳にも入っていたが、母は一切それに反論することなく、すべてを受け止めていた。自分の息子だけが一方的に悪者にされるのだから、普通は反論のひとつくらいしてもよいはずだ。そんな態度を示さなかった母は、本当に我慢の人だったと思う。ヨハン・カスパー・ラヴァーターというスイスの牧師が「最も謙虚な星は、最も暗い夜に一番輝く」という言葉を残したそうだが、まさに母はそれで、その星は母が亡くなった今も俺の心のなかで最も光り輝いている。

毎日が楽しかった学校生活

ちょうど父と母が離婚した頃、和久井映見さんが主演の『ピュア』というドラマが放送されていたのだが、そのドラマの役柄の和久井さんがとてもかわいらしかったからか、同級生の女子たちの多くが髪型や格好を真似していた。

また、『未成年』というドラマも皆が夢中になって観ていた作品のひとつだった。その当時、学校ではドラマやお笑い番組、小室哲哉さんの音楽などがよく話題になっていた。まだスマートフォンどころかインターネットも普及していなかった時代だ。皆の趣味嗜好が極端なくらい単一化されていた。だからか、女子たちとも話題が合った。授業中に教師の目を盗んで手紙を回し合ったり、休憩時間にはよく男女構わず集まって話もした。学校の外では不良と呼ばれる人間たちとつるんでいたが、学校ではそれとは真逆の真面目な生徒たちとよく接していた。そういった交流が俺の価値観や考え方をフラットに保たせてくれていた気がするし、俺とは真逆の生活をしている友人たちからもまた、学ぶことは多かった。その時俺は一生の学びをすることが出来たと思っている。〝おいしい〟などの感覚は一瞬だが、〝なるほど〟は一生ものだ。

それに俺は、母や姉たちといった女性に囲まれて育ったからか、女性脳っぽいところがあるのかもしれない。地図を読むのが苦手な代わりに長話や長電話などがまったく苦痛ではなく、人の話を聞くのが昔から好きだ。だからその当時、勉強は大嫌いでも、いろいろな人と話せる学校は最高に楽しかった。

元ヤン疑惑の美術の先生

そんな中学2年生の頃、よく覚えている出来事がひとつある。

その当時の美術の先生は、美術の先生に似つかわしくない大きな体躯をしたクマみたいな男の先生だったのだが、なぜかその先生は不良っぽい生徒が好きで、授業とは関係ないことを俺に教えてくれた。

例えば〝みなごろし〟という漢字を教えてくれたり。昔、都内に武闘派のチームとして知られていた同名の暴走族があったので、もしかしたらそのチームのOBだったのかもしれない。本人は否定していたので、それはあくまで俺の憶測に過ぎないが。

その先生が1度だけ、授業中にかなりの勢いで怒ったことがあった。

ある日、俺と同じ班だった女子たちが、授業で使う消しゴムか何かをちぎりって遊んでいたのだが、そのせいで机の上が散らかっているのを見て先生は怒り、突然2本のほうきを机の上に投げつけて、「お前たちのせいで散らかったから、それで今から掃除しろ！」と言い放ったことがあった。先生の怒号にその女子たちだけでなく、教室にいた全員が水を打ったように静まりかえったのを覚えている。

そんなか、俺が無言で席から立ち上がり、掃除箱からほうきとちりとりを取り出し、勝手にひとりで掃除をしはじめた。それを見た先生は、

「石元！　お前に言ってるんじゃない！　そのふたりに言ってるんだ！　お前は座ってろ！」

と強い口調で命じてきた。その言葉に対し俺は、

「同じ班なんだから別に手伝ってもいいだろ！」

と言って指示を無視して掃除を続けた。

同じ班の女子たちとは仲がよかったので、見殺しというか、どうしても放っておくことが出来なかった。それが友だちというものだ。

先生はそれ以上は何も言わず、俺を含めた同じ班の皆が掃除を終えるのを黙って見届けた。後腐れのないさっぱりした先生だったのだが、「やっぱりあの先生は元ヤンだったのでは……」と今でも俺は疑っている。

不良としての転機

中学3年生になる頃には不良も大分板に付くようになり、髪の毛も茶髪や金髪、ワインレッドなんかに染め、時に先輩から譲り受けたボンタンを穿いて登校したりしていた。

1学年上の先輩たちが卒業する時、その学年の頭を張っていた先輩から代々受け継がれてきたスクールカバンと共に、その地位を引き継ぐよう言われた。その頃の俺は痩せ型で、同

金髪時代。友人と

茶髪にピアスをつけて通学していた頃

学年に俺よりケンカが出来るであろう人間はいた。それでも俺のことを選んでくれたのは、まとめ役の立場だったたり、見かけによらず肝が据わっているところが評価されたのかもしれない。あと、スマートな不良っぽい雰囲気のよさも多少あったのではと、個人的には思いたい。

ただ、そのような身の丈に合わない評価をしてもらったものの、当の本人である俺は、素直に喜ぶことが出来なかった。不良の世界で生きていてそれは大変名誉なことでもあったが、正直それ以上に「面倒な立場になってしまったな……」というのが本音だった。

生来俺は何かから縛られたりするのが大嫌いな自由人。頭を張ることになれば、同学年の人間に何かあればすべて俺が対処しなければならなくなるし、先輩たちからも頻繁に呼び出され、代表して小言を言われたりヤキを入れられたりもしなければならない。

そして何より、俺がもし他校の生徒からやられたなんてなったら、俺が通っていた中学校全体の汚名ともなる。「そんな大げさな……」と思うかもしれないが、10代の不良の世界というのはそんなものだ。そういったことを考えると、ハッキリ言ってプレッシャーでしかなかった。

しかし不思議なことに、立場というものが人をつくるのか、それまで好き勝手にやってきた俺も責任感やリーダーシップというものが徐々に養われ、常に全体のことを考えるようになっていき、不良として洗練されていった。本当に少しずつだが。もちろんその時の経験が、関東連合加入後に活かされたのは言うまでもない。

ただ1度、頭としての立場失格だと先輩たちからヤキを入れられたことはあった。

それは俺が中学3年生時の12月のこと。

俺は頭として、先輩たちの溜まり場に頻繁に顔を出すことを求められていたのだが、その時期、毎日同じメンツでだらだらと溜まることに疑問を感じ出し、少しずつ溜まり場に顔を出す頻度も減っていった。代わりに俺は他校の生徒たちとつるみ、毎日渋谷などの都心に足を運ぶようになっていった。

そのような日々が年が明けても続いていたある日、他校の生徒と一緒にいる時に先輩たちから連絡が入り、すぐに溜まり場に顔を出すよう命じられた。

一緒にいた友人たちは「何かあったの？　もしあれだったら一緒に付き合うよ」と言ってくれたのだが、先輩の声のトーンからしてのっぴきならない用件であることが想像出来たので、「余計なことに巻き込んでしまっても嫌だから、俺ひとりで行ってくるよ」とその善意を断った。

その時友人からは、「太一の通っている中学って、いろいろしがらみがあって大変なんだね」と、同情にも似た眼差しを向けられた。確かに俺が通っていた中学は周辺地域のなかでも群を抜いて不良の数が多く、代々先輩後輩の関係がかちっとしていてとても厳しかった。なので、他校の生徒の目には「厳しい運動部じゃないんだから……」といった感じで、奇異に映ったのかもしれない。

俺が先輩の溜まり場に着くと、ケイの4歳上の兄貴までもがいて、すぐに人目のつかない路地裏へと連れていかれた。

ひとりの先輩が先頭を歩き、俺の後ろにふたりの先輩が続いて歩いていた。独特の緊張感と空気感……。「これはヤキを入れられるパターンだな……」とすぐに悟った。

案の定、路地裏に着くなり、

「何で頭のお前が全然顔を出さねぇんだよ！」

「俺たちに対して何かあんのか？」

「お前がいない時に同学年の連中に何かあったらどうすんだ⁉」

という怒声と共にヤキがはじまった。まるで餅つきかのように、ひとりの先輩が話をしている時にもうひとりの先輩から合いの手の如くこぶしや蹴りが飛んできた。

そんななか、やっと暴力の嵐が収まりふたりの先輩たちと話をしながら俺か一息ついていると、突然死角である真後ろから棒のようなもので後頭部を叩かれた。俺が殴られた箇所に手をやり、前屈みになりながら顔だけを真後ろへと向けると、〝らっち〟というあだ名で呼ばれていたケイの2番目の兄貴が口角を上げて笑っていた。らっちと俺は、その前からちょっとした確執があった。らっちはテメーの遊ぶ金欲しさに後輩たちにカンパを回したり、平気で弱い者イジメもする。そして、自分より強い者にはこびへつらう。俺が最も忌み嫌うタイプの人間だった。そんならっちから以前に手を出されたことがあった。

その時はらっちからコンビニまでタバコを買いに行くよう頼まれたのだが、その際タバコ代を立て替えて欲しいとのことだったので、俺が「嫌です。自分で行ってきてください」とはっきり断ったことが原因だった。周りに他の人間たちもいたため、顔をつぶされたとでも感じたのか、突然俺に向かって手を出してきた。それでも態度を改めなかった俺のことを、らっちはずっと苦々しく思っていたようだった。なので、その溜まっていた感情が爆発したのだろう。その時俺は、らっちの顔を見上げながら様々な感情を抱いた。

俺が中学校を卒業後はらっちと立場が逆転したが、俺に気を遣うそのらっちの姿は、やはり〝自分より強い者にはこびへつらう〟タイプの人間そのものだった。正直なところ、「もしケイの実の兄貴でなかったら……」と考えてしまったことは何度もあった。

深夜のゼロヨン会場

溜まり場に顔を出し、先輩とつるんでいてよかったことももちろんたくさんあった。それは流行りのファッションを学べたり、単車の乗り方を覚えることが出来たからだ。

中学2年生の時点でスクーターならすでに乗り回していたが、単車は周りに持っている人間がおらず、乗る機会がなかった。だが、中学3年になって先輩たちとつるむようになり、単車を持っている先輩から乗り方を教えてもらえる機会を得た。

スクーターとは比べものにならない高速度の世界。そんな未知の世界に、10代の少年の心が躍らないわけがなかった。一時期は毎日のように単車を乗り回し、「バイクの免許を取得後はどの単車を買おうか?」と、いつも友人たちと話していた。

ひと通りの運転が出来るようになった頃、先輩たちに東京の三鷹で夜な夜な開催されていたゼロヨン会場に連れて行ってもらえる機会があった。見事なまでの直線で、信号のない長い公道。真夜中にもかかわらず大勢のギャラリーが歩道や歩道橋の上に集まっていた。そして、その公道の真ん中には手旗を持ったレフェリーの姿も確認出来た。そこはまるでゲームやマンガの世界で、胸がとにかく高鳴った。レース中、パトカーが現れるとレフェリー役の男性が笛を吹く。するとギャラリーたちも蜘蛛の子を散らすように逃げ出すのだが、そんななかを俺たちがパトカーを引き付けるように単車で吹かしながら去っていくと、ギャラリーたちは沸き、喝采を送ってくれた。

人生に1度しかない青春時代に、そのような様々なことを経験させてくれた先輩たちには今も感謝しているし、なかには今でも「先輩」と呼び、慕うことが出来る人たちもいる。そのことは俺にとってひとつの財産となった。間違いなくそう胸を張って言える。

愚行の代償

バイクといえば夏休み明け、先輩ふたりと一緒にバイクで俺が通う中学校の校庭に授業中乗り込んだことがあった。

静まり返った校庭に、突如現れた2台のバイク。

教室の窓からは授業中であるにもかかわらず多くの生徒たちが顔を出し、俺たちに向けて手を振り歓声を上げていた。

そのような状況が数分間続くと、教師たちもさすがに黙っていられなかったのか次々と校庭に出てきたので、俺たちは大きな砂ぼこりを巻き上げながら撤収していった。それは青春時代ならではの思い出とはなったが、その愚行のおかげで次の日に俺が登校すると、

「石元、今は3年生にとって受験を控えた大事な時期なんだ。わかるか？ 他の生徒の迷惑になるから、お前のことはしばらく教室には入れられない。悪いがしばらくの間、視聴覚室でひとりで勉強してもらう」

と教師のひとりから言われ、ほんの少しの期間だったが、授業中に限っては教室に入ることが出来なくなった。

平等に受けなければならない教育の機会を奪う処置なのだから問題はあったとは思うが、他の生徒の将来を守る術としては正しい処置だったのではないか。なので、その時は特に不

満を抱くことはなく、すっと自分のなかで消化は出来た。

その時だけでなく、普段から中学生なのにバイクで通学、そのバイクで堂々と学校に乗り付ける。他の生徒への影響を考えたら、俺たち不良の存在というのは教師たちにとって大きな悩みの種だったに違いない。当時、本当に多大な迷惑を掛けてしまったと思う。

突然の襲撃

中学3年生の頃、己の無力さというものを嫌というほど思い知らされた経験もある。忘れもしない、あれはもう夏も終わりを迎えはじめた頃の出来事。

外もすっかり暗くなった夜7時頃、当時よく皆で溜まっていた高速道路下の公園で、俺とケイは溜まり場グループのリーダー的存在だった2歳上の紅田という先輩から、「ふたりの彼女も連れて、明日皆で一緒にデートでもしようぜ」なんて誘いを受けていた。

「いや、やめときます。恥ずかしいですし、紅田君、何か企んでるでしょ?」

「何も企んでないって! ふたりが彼女の前でどんな様子なのかなって興味があるだけだよ! そうつれないこと言わないで一緒に出掛けようぜ!」

すげなく断る俺に紅田君はそう言って食い下がる。そんな押し問答がしばらく続いた後、俺とケイは用事があり一旦帰宅することに。帰路に就こうとする俺の後ろ姿に紅田君は、「おい、たいちゃん！　明日だからな！　忘れんなよ！」と大きな声で念を押してきたので、俺は「だから無理ですって！　忘れてください、自分のことは！」と負けじと声を張り上げて返した。

「紅田君も本当にしつこいよなぁ」と言いながらケイと一緒に帰路に就いたわけなのだが、事件はその直後に起こった。俺が帰宅し10分ほどすると、自宅の電話が鳴った。

「はい、石元です」

「たいちゃん!?　大変なことになっちゃった！」

と女性の泣き声が電話口から聞こえてきた。つい先程まで一緒に溜まっていた同級生の子だった。

「どうした!?　大変って何が!?　ちょっと落ち着いて話せよ！」

そう俺が言うとその子は少し冷静さを取り戻したのか、落ち着いた口調で訳を話し出した。

「みんなが……溜まり場にいたみんなが突然現れた他の先輩たちに襲われて……。一体どう

中学3年生の頃に襲撃事件があった高速道路下の公園

すればいいのか、私……」

「は？　突然何でそんなことに!?　誰がやられたんだよ!?　タメ（同い年）の連中は!?　お前は大丈夫なのか!?」

「私は何もされなかったけど、バットとかでも殴られたみたいで、他の皆はすごいケガをしてるの……。その中でも紅田君が一番ひどいケガで……」

「嘘だろ!?　皆そんなにひどいケガなのか!?　それで今皆はどこにいるんだ？　今からすぐに向かうから場所を教えてくれ！」

溜まり場に残っていた仲間たちは、襲撃してきた先輩グループが去っていった後、騒ぎを聞きつけた警察が来るのではということで違う公園へと移動していた。

俺がその公園にすぐに駆けつけると、紅田君は血だらけの服に腫れ上がった顔で、すべり台のところで顔を冷やしながら横になっていた。

「電話で聞きました……。大丈夫ですか？」

紅田君や他の皆の痛々しい姿を見て、俺は悔しくて悔しくて涙と怒りが同時に込み上げてきた。

「あいつらホント許せねぇよ……。前まで仲のよかった奴がここぞとばかりに後ろから殴ってきてさ……。絶対許さねぇって思いながら必死に堪えてたよ……」

「すいません、そんな時に一緒にいなくて……」

俺が後悔の念と闘いながら声を振り絞るようにしてそう言うと、紅田君は「ふっ」と鼻で笑った後に、

「いや逆にいなくてよかったよ。まぁこんなことになってしまったから、明日のデートはなしだけど……」

と冗談っぽく返してくれた。

俺はその言葉を聞いた後、こぶしを握り締め自分の無力さというものを呪った……。

襲撃の真相

なぜそのようなことが起きたのか……。後日情報収集をしていくとその理由がわかった。

俺より4学年上の先輩グループはその日集まると、他愛ない会話から「後輩の川里と赤木、最近生意気じゃないか？」「あいつら単車を乗り回してモグリみたいなことをやってるだろ」

という話題になり、「あいつらの最近の溜まり場を知ってるからヤキでも入れに行こうぜ！」と、突然襲撃が決行されることになったそうだ。

川里は俺より1学年上の先輩だったのだが、車やバイクなど乗り物全般が好きで夜な夜なバイクを乗り回していた。そういった行動が地元で噂となり、歳が離れた先輩グループの耳にも入ったのだろう。赤木は俺と同学年の人間でバイクなどを積極的に乗り回すタイプではなかったのだが、年齢の近い不良っぽい雰囲気のある綺麗な姉がふたりいたからか、赤木の名前も先輩たちにはよく知られていた。そのような理由から赤木は地元で悪目立ちし、先輩グループの反感を多少買っていたのかもしれない。

でも、俺からいわせればそんなのは自己正当化するための後付けの言い訳だ。

あの日の襲撃は、単純に先輩たちの刺激を求めた暇潰し、ただのエンターテインメントだった。その証左ではないが、もしその先輩たちの言い分や理由が事実なのだとすれば、狙ったふたりだけに灸をすえればよかっただけのこと。それなのにもかかわらず、その場にいた後輩全員に見境なくヤキの度を超えた暴力を振るっている。当の川里に限っては、うまくその襲撃を回避までしているのに、その後先輩グループから襲われることは一切なかった。だからやはりただのエンタメだったのだろう。少なくとも当時の俺はそのように解釈し、その先輩たちに対してひどい嫌悪感を覚えた。

その時抱いた嫌悪感は後々まで尾を引いた。

何とも皮肉な話だが、その襲撃事件から4年後に起きた〝トーヨーボール事件〟では、その先輩グループのひとりを運転手として同行させた。また別の先輩たちは、俺が特別少年院を出院後に暴力団の組員になっていたので、その組織からフケてしまうまでよくコキ使わせてもらった。それもこれもすべて俺がその先輩たちに対して悪感情を抱いていたからだ。それほど俺のなかでその襲撃事件は根が深かった。あの日、友人たちが浮かべた悔しそうな表情がいつまでも目に焼きついていたんだ。

宮前愚連隊

襲撃事件を行った先輩たちに関する後日談はまだ他にもある。

事件後すぐ、先輩グループの何人かが「宮前愚連隊」のメンバーにやられたという噂が地元に流れた。宮前愚連隊というのは東京の杉並区を拠点とした暴走族で、元々は単独チームだったが、後に日本で一番の知名度を誇る暴走族グループ・関東連合と友好団体となり、常に行動を共にすることになるチームのことだ。

宮前愚連隊は、その当時から武闘派のチームとして名を馳せていた。なぜそのチームと先輩グループが突然ぶつかることになったのか、そこにはひとりの女性が関わっていた。

秋風が立ちはじめたある日。いつものように先輩や友人たちが公園に溜まっていると、たまたま先輩グループが通り掛かり、有無をいわさずその場に交ざってきたという。先輩グループはお酒が入っていたようで、一緒に溜まっていた女性の先輩に執拗に絡みはじめた。

女性の先輩は角が立たないようにうまくあしらっていたそうなのだが、お酒の影響か、先輩グループはそれでもしつこく絡み続けたという。

さすがに見かねた別の地元の女性の先輩が、仲のよかった宮前愚連隊のリーダーに連絡を入れ助けを求めたことで事態は予想外の展開に。

時を移さず駆け付けた宮前愚連隊のメンバーたち。臨戦態勢で現れた一団に対して虚を突かれた形になった先輩グループは、最初こそ抵抗を見せていたものの、すぐに制圧されてしまったそうだ。宮前愚連隊をはじめ、関東連合が起こしてきた過去の数々の事件を鑑みると、その場でさらわれなかっただけでも幸運だっただろう。

柴田大輔という男の人身掌握術

俺が初めて宮前愚連隊という名前を耳にしたのは、その事件から遡ること少し前、中学3年生の夏休みの時だった。

宮前愚連隊のリーダーと名乗る男と同じ高校に通っていた先輩が地元におり、その先輩が紅田君に「同い年にすごい人間がいる。見掛けは普通なんだけど、中身はイケイケなんだ。是非1度紹介したい」と言って、そのリーダーのことを売り込んでいた。

紅田君は、「いいよ、何か揉めたりしても面倒だし」と断っていたのだが、根負けしたのか、最後には首を縦に振ることに。宮前愚連隊のメンバーと会うことになったのは、世田谷区の給田にあったファミリーレストラン「ジョナサン」。地元で会うことになったのが紅田君にとってせめてもの譲歩案、根負けする最後の一押しになったのかもしれない。その場に同席することを頼まれた俺は、あまり乗り気になっていない紅田君とは違って、「一体どんな人間が来るのだろう……」とひとり興味を募らせていた。

ジョナサンに着いてからしばらくすると、店外からバイクの騒音が聞こえてきた。店内にも響くその音を聞き、すぐに相手が来たのだとわかった。バイクを駐車したのか、騒音が聞こえなくなった後、間を置かずすごく小柄な男を先頭にして、若い男が5人ほど店内に入ってきた。

先頭の男はソバージュっぽい髪型に身長は150センチあるかないか。でも、衣服の上からでも体を鍛えているのがわかるくらい筋肉質だった。そして、最も俺たちの目を惹いたのはその真後ろにいた男だった。身長190センチはあろうかというくらいの大男で、頭髪はパンチパーマ。格好も含め、まるでこてこてのヤクザのような出で立ちだった。先頭の男との対比で、余計にその大男は異様に見えた。

でも、そのなかで一番偉そうに振る舞っていたのは先頭にいた小柄な男で、周りもその男に従い、立てているような感じだった。

その小柄な男は「遅くなった」と言って笑顔で席に着くと、

「俺が柴田だ、よろしく」

と自己紹介し、俺たち一人ひとりに握手を求めてきた。そう、この男が後に関東連合元最高幹部として『いびつな絆』や『聖域』という書籍を世に出した工藤明男こと柴田大輔その人だ。彼がまだ17歳だった時のことだ。

柴田は武闘派で鳴らしたチームのトップとは思えないほど気さくで、俺が抱いた第一印象は「取っ付き易そうな人だな」という感じだった。ただそれと同時に弁が立つ彼を見て俺は「腹のなかが読めない……したたかな部分もありそうだな……」とも思った。

実際、俺のその見方が的を射ていたところもある。

柴田の世代の宮前愚連隊の表向きのリーダーは俺より4歳上の吉見という人間だったのだが、柴田の言動を見ているとついいぶかしがってしまうところがあった。

それを確信したのは俺が21歳の頃、柴田の会社で働く吉見の姿を見た時だ。吉見と接する柴田の言動には、信頼や親しみというものは感じられても、リスペクトというものは皆無だった。

そこで俺が10代の頃から抱いていた、「柴田君と吉見君の10代の頃からの関係性ってどのような感じだったんですか？　自分の目には吉見君ではなく、常に柴田君が先頭に立ち、宮前を大きくしていったように思えるんですけど……」といった疑問を本人にぶつけてみると、案の上、

「吉見君はケンカが馬鹿みたいに強いからトップに据えていただけ。頭（総長）にはケンカや負けん気の強さが必要だろ。実際あの人は誰とケンカさせても必ず勝ってきたし。だから頭が悪くてもあの人のことは立てていたし、吉見という扱いやすい神輿をつくり、あえて俺がそれを担ぐことによって人も集まり、チームの結束力が高まったんだ」

といった答えが返ってきた。

俺の抱いた疑問を解消するにはそれは充分過ぎるほどの回答だった。要するに柴田は吉見という人間を神格化することで、宗教団体と同じ心理状況を10代の少年の心のなかにつくり上げたのだろう。結果それが馬鹿当たり。東京の杉並区にあったただの小さなチームが柴田の代に変わると同時に、東京中にその名が知れ渡るほどになり、そのメンバーも仲間のためなら過剰な暴力も、また警察に逮捕されることもいとわない集団へと変貌を遂げた。人心掌握術もここまでいくとあっぱれの一言だ。それを16～17歳の少年がやってのけてしまうのだから。

そのようなチームの陰のリーダーだった柴田との出会い。まさか彼とその後互いの人生で交錯していくことになるとは、その時は夢にも思わなかった。

新しい世界

たまにこちらの地元に来るなどして、その後も柴田との交流は彼が品川区の五反田で起きた暴走族同士による抗争事件で逮捕されるまで続いた。

その当時柴田は俺たちの溜まり場に顔を出す度、「俺たちは地元の体育館でキックボクシングを習っているんだけど、お前たちも一緒に参加して体を鍛えたらどうだ？」「今度吉見君がシャバに戻って来るから何百万（円）かつくろうと思ってて。その金集めにイベントをやるから協力してくれないか？」「ちょうど今安い単車が売りに出ているのだけど、買うか？」などといった話をしていたのだが、そのつど俺は「宮前愚連隊のメンバーは皆キックボクシングをやって体を鍛えているのか……」「先輩が出て来るという理由で何百万（円）もの金を集めるなんてすごい資金力、集金力だな……。まるでお布施のようだ」と、新しい世界に触れたように感心しきりだった。この体験が後の俺に少なからず影響を与えたのは間違いない。

でも、そんななかでも一番に印象に残っていることは、柴田の運転のうまさだ。こちらの地元に来る時はいつも仲間とバイクに乗って来ていたのだが、柴田は小さな体でバイクをまるで自転車のように軽々と乗りこなしていた。きっと彼の運動神経のよさも関係していたのだろう。

柴田が中型のバイクにまたがると、そのバイクは大型バイク以上の迫力を帯びていたが、「ジョナサン」での顔合わせの時に同席していたパンチパーマの大男が柴田の運転するバイクの後ろに乗ると、逆にそのバイクは三輪車のように見えたので不思議なものだった。

ボンタンと俺と卒業式

中学校の行事のひとつである「合唱コンクール」。俺は教師たちから「頼むから体育館には入らないでくれ！」と頼まれていた。「この学校は風紀が乱れている」と保護者に思われたくなかったのだろう。そういった学校側の立場や考えも理解出来る一方で、そのような態度を教師から示される度に俺は、『学校に来い！』と言ったり『来るな！』と言ったり忙しい人たちだな……」とも思っていた。

ただ、卒業式だけはさすがに参加させてもらえた。

俺は珍しく朝早くから学校に行くと、すぐに友人たちと連れ立って一服をしにトイレへ。

「ここでお前らと吸うタバコもこれで最後か……。そんなことを思うと、このタバコの味も普段とは違う特別な味になるな……」

俺の言葉に耳を傾け、ただ黙ってうなずく友人たち。ゆっくりと紫煙を吐き出す彼らもまた、脳裏に去来した様々な思い出や感情を反芻しているように見えた。そんな時だった。担任の先生がいつものようにトイレに乱入して来たのは。が、普段と違い、喫煙を注意しに来た感じではなかった。

「どうしたんですか、先生？　必死な形相で」

俺が便器にタバコの吸い殻を投げ入れながら話しかけると、先生は右手に持っていたものを俺に差し出しながらこう言った。

「石元、今すぐ着替えろ」

「え？」

よく状況を理解出来ないまま先生から差し出されたものを受け取ると、

「……これは」

と思わず声を漏らしてしまった。

その日俺は卒業式というめでたい席のためボンタンを穿いて登校していたのだが、先生から手渡されたのは自宅に置いてあるはずの標準の制服のズボンだった。

「なんで先生がこれを持ってるんですか!?」

驚いた表情を浮かべる俺に先生は、

「私が石元のお母さんに電話をして持ってきてもらったんだ」

とドヤ顔を見せた後に、

「今日は大事な卒業式だろ？　それを穿け。まだ間に合うから」

と急かすように言ってきた。

先生から手渡されたズボンを手に、俺は「母さんもまた余計なことを……」とつぶやいた後、「うりゃ！」とそのズボンを3階の窓から投げ捨てた。「あー!!」と叫ぶ先生の横をすり抜けながら俺は、

「じゃ、そんな感じなので式で会いましょ、先生♡」

と先生の肩を軽く叩いてトイレを後にした。

式は滞りなく進んだ。俺が登壇した時は式場である体育館内が少しざわついたが。でもそ

んなものはもう慣れっこ。俺は壇上からの景色を忘れないよう目に焼きつけることに気持ちがいっていた。

式後母に会うと開口一番、「なんで持ってきたズボンに穿き替えなかったの？　先生から渡されたでしょ？」

と言われたので、

「いいんだよ、一生に1度の晴れ舞台なんだから、あれで」

と鼻を鳴らしながら返した。母は笑いながら、「『一生に1度の晴れ舞台』って何よ？　いちいち大げさねぇ」と言った後、続けて、

「そういえば私の隣で式を見ていた保護者の方たちが、『見て、あれが噂の石元君よ。この学校で一番悪い』なんて話していたからお母さん笑うのを堪えるのに大変だったわ」

と式中にあったことを教えてくれた。

さすがに他人の声や評価をまったく気にしない俺でも、その時ばかりは「母さんに少し不憫な思いをさせてしまったかな……」と胸が痛んだ。

卒業式があった夜、俺の後を任せた聖也という後輩が「先輩たちの門出を祝いたいんで、

自分の家で皆で飲みましょう！」と誘ってくれたので、途中から少しだけ顔を出すことにした。他に予定も重なっていたので顔を出そうか迷ったのだが、聖也のことは信頼もし、好きな後輩のひとりでもあったので好意を無下には出来ないと思い、遅れながらも参加することに決めた。それに、その場には俺が式後に制服の第2ボタンを渡す約束をした子がいたので、その約束を守るためにも顔を出す必要があった。

聖也の家に着くと、もうすでにそこは地獄絵図と化していて、2階の窓から吐しゃ物をまき散らす輩までいた。

「おいおい、大丈夫かよ……」

途中から会に参加した俺は、友人の背中をさすりながらも他の酔った友人たちから飲めや騒げやと絡まれ続けた。泥酔している人間のなかにシラフの人間が放り込まれたら、絡まれるか介抱を強いられるか、はたまたその両方か……それが世の習いだ。

ここに書くのも嫌になるくらい大変な目には遭ったが、その日友人たちや聖也のそれまで見たことないくらいのとびっきりの笑顔を見ることが出来て、俺的には一生忘れることの出来ない最高の夜となった。

3章　関東連合

生者必滅会者定離

中学を卒業後すぐ、青天の霹靂というべき出来事が起こった。

その日俺は友人たちと街に出掛けていたのだが、俺のポケットベルに母と姉から何度も何度も連絡が入った。普段そのようなことがなかったので、「一体何事だろう……」と思った俺は慌てて家族と連絡を取ると、母から衝撃的な一言が……。

「お父さんが亡くなったみたい！　今から病院に向かうけど、太一は今どこにいるの⁉」

その言葉を聞いてもどこか信じられなかった。その日は偶然にも4月1日。エイプリルフールだ。だからその話が俺を驚かすための嘘なのではと信じたかった。

「あの〝強さ〟の象徴でもある父がそんな簡単に亡くなるわけがない……」

だが、俺を待っていたのは冷たくなった父の遺体。父は肝硬変と糖尿病によって62歳でその生涯を終えた。

病院で父の遺体と対面し涙を流す俺に、よく父の近くにいた組員の方が、

「太一君……これは私の連絡先だから、この先何か困ったことがあったらいつでも連絡して

きていいから……」

と言って、メモ用紙に書いた携帯番号を渡してきてくれた。

が、俺は病院を出た後、そのメモ用紙を破って捨てた。その方の心配してくれる気持ちはとても嬉しかったが、あくまでその方とは父あっての関係。いくら家族とはいえ、父は父、俺は俺だ。俺はもうその時点で、「父亡き後はもう自分の力のみで生き抜き、成り上がっていくしかない」と考え、腹をくくっていた。なので、そういった〝保険〟があっては、いざ何かあった時甘えが生じると思った。今もしその当時の俺と話すことが出来るのなら、「まだガキなのによくそこまで考えられたな」と褒めてあげたい。それくらい男としては正しい決断、訣別だったのではないか。

それに、父の死から24年が経った俺が39歳の時、腹違いの姉から父の近くにいたその方が父の葬儀で得た大半のお金を着服していたという話を聞いた。お金のためにその方は男を下げたのかと思うと残念で仕方ない。俺個人としては怒りの感情より呆れといった感情のほうが遥かに先行した。そして、「やはり父の死後、その方と連絡を取らなかったことは正解だったな」と、改めて思った。

俺や家族にとっては、父の遺してくれたもののなかで唯一といってよいほど必要かつ有り難かったのは、父の運転手をしてくれた学お兄ちゃんだけだ。それはハッキリと断言することが出来る。

亀裂

中学を卒業後もそれまで通り、地元の先輩たちとの関係は続いていた。だが、その関係にも少しずつ変化が訪れようとしていた。

まず、俺とある先輩がちょっとしたボタンの掛け違いから関係が悪化し、「最近後輩たちが生意気だな」という先輩たちの総意から、〝1学年上の先輩対後輩〟という構図にまで発展してしまったことがあった。

こじれにこじれ、揉めに揉めた後、最終的には俺とその発端となった先輩がタイマンを張って終わらすということになり、俺は約束の日時にひとりで先輩たちから指定された公園へと向かった。

俺が公園に着くと多くの先輩の姿があり、その光景を見た時は「さすがにアウェー感がすごいな」と思った。だが、やることに変わりはない。

俺がタイマンを張ることとなった先輩に向かって、

「ここでやんのか？」

と聞くと、

「ちょっとその前にふたりっきりで話がしたい。こっちに来てくれるか？」

と言うので、その先輩の後ろに付いて行き、公園に隣接していた建物の裏にふたりで移動した。「自分がやられる姿を周りに見せないために、ここではじめるつもりか……」と考え身構えていた俺に、その先輩は思い掛けない言葉をかけてきた。

「太一、悪かったよ。俺も熱くなって言い過ぎた。こんなこと馬鹿らしいからもうやめにしないか？」

もう行き着くところまで行けばいいというくらいの腹積もりでいた俺には、その言葉は驚きでしかなかったが、同時にその先輩の胸中も察した。きっと周りからは「お前が代表して最近調子に乗っている後輩に灸をすえてやれ」と煽られていただろうし、「もし後輩なんかにタイマンで負けたら……」というプレッシャーもあったことだろう。

その点では、同い年の友人たちから「先輩たちを見返してほしい」と頼まれてはいたものの、あくまで俺は先輩に楯突いた後輩のひとりに過ぎず、あまり気負った感情もなく気持ち的には楽だった。先輩に挑んだ時点ですでに、「よくぞ代表して立ち向かってくれた！」と友人たちは喜んでくれていたからだ。

先輩の胸中を察した俺は、

「わかりました。謝ってくれるならもうそれでいいです。これで終わりにしましょう」

と言って、振り上げたこぶしを下ろすことにした。

公園には仲のよかった先輩も来ていたので、その場を去る前にその先輩と話をしていると他の先輩がやってきて、

「お前からあいつ（タイマンを張る予定だった先輩）に謝ったのか？」

と尋ねられたので、俺は、

「いや、逆ですけど……」

と答えた。するとその尋ねてきた先輩は、

「そうだよな。ケンカするためにひとりでやって来たお前が謝る理由なんてないもんな。あ

いつは『太一が謝ってきたから許してやった』なんて言ってたけど、土壇場で腰が引けたんだろ」

とひとりでぶつぶつ言いながら頷いていた。

俺からすればもうどうでもよかった。

この件を機に1学年上の先輩たちは幾分か俺のことを立ててくれるようになった気はするが、逆に俺は少し冷めた感情を抱くようになった。

決別

その件に続いて、もうひとつ先輩たちとの関係を変化させる出来事があった。

それは何人かの先輩が、関東連合のOBでもあった地元の5歳上の先輩と付き合いはじめたことに端を発していた。

その関東連合のOBの先輩は佐久間君といい、過去に「千歳台ブラックエンペラー」というチームに所属していた地元では有名な不良だった。佐久間君はバイクが好きな上、若い人間をかわいがることにも積極的な人だったので、その先輩たちともつながったのだろう。だが、それをよしと思わない人も仲間内にはいた。紅田君だった。紅田君は周りに、「佐久間君のいい噂は聞かないから絶対つるまないほうがいい。後々大変な思いをするぞ」と言って譲らなかった。俺もそう言われ続けたひとりで、紅田君のそうした説得を受け、最終的には「わかりました」と首を縦に振った。

ただその時、すべての先輩たちに対してひとつの条件を付けた。

「佐久間君側の先輩たちとつるまない代わりに、紅田君側とも自分たち後輩はつるみません。どちらかに対して何か角が立つことになっても嫌なので。だから今後自分たちは同い年だけでつるむことにします」

その提案に先輩たちは「わかった。そうすればいい」と言って納得してくれたのだが、佐久間君の影響力は思った以上に大きく、すごく短い期間ではあったが、その後の俺の人生にも深く関わってくることになった……。

初めて接した関東連合のOB

宣言した通り、しばらくの間俺は同い年や後輩としか会うことはなかった。

だが、中学校を卒業してからというもの、交友関係が広がったため、地元で遊んでいても非常に目立つようになっていた。

それを佐久間君が気に留めたのか他の先輩が気に留めたのかはわからないが、佐久間君がいる場に先輩からなし崩し的にちょくちょく呼ばれるようになった。

そこで初めて気づいたのだが、佐久間君というのは噂で聞いていたような人ではなかった。最初は「どれだけ悪い人なのだろう」と少し身構えながら付き合っていたのだが、実際に身近で接してみると自分の後輩には絶対に暴力を振るわない人で、ましてや今までの先輩のようにカンパを回したりすることもなかった。「最終的に勝っている人を見たことがない」と言って、ギャンブルとも無縁。今まで俺が見てきた年齢の離れた先輩とは真逆の人で、俺が慕っていた地元の先輩の中目君や斉島君という人たちが佐久間君と一緒にいる理由がよくわかった。それに、すごくシンパシーを感じる部分もあった。

それは薬物には絶対に手を出さないことと、性犯罪に対して嫌悪感を抱いているところだ。このふたつの禁忌を徹底しているところはすごく共感することが出来、佐久間君に対してあった俺の心の壁を綺麗に取り去った。俺と同じようにそういったことを毛嫌いしていた中目君や斉島君も、佐久間君のそのようなところを知って、距離が縮まっていったのだろう。

それからというもの、中目君や斉島君など他の先輩抜きでも俺は佐久間君と会うようになっていくのだが、5歳も離れ、時には後輩らしからぬ生意気な態度をとることさえもある俺のことを、なぜ佐久間君は目をかけようと思ったのか、その理由は今もわからない。ただの気まぐれだったのだろうか。

佐久間君からはもちろん悪いことも教えられた。まず一番に挙げたいのがお酒だ。その当時俺はまったくお酒が飲めなかった。もちろん年齢的なものもあったと思うが、母が缶ビール1本で「もうたくさん」という人だったので、もしかしたら体質的なものもあったのかもしれない。なので、自ら率先してお酒を口にすることはなかったし、飲まなければならない場の時には、場をシラケさせないようにお酒の味が極力しない甘ったるいカクテルだけを飲んでいた。

そんな俺が佐久間君とつるむようになり、お酒を飲む機会がぐんと増えた。佐久間君はよく1日の終わりに友人や後輩たちを自宅に集めては酒席を開いていたからだ。なので俺も自然とお酒に口をつける機会が増えたのだが、相変わらず飲めるのは甘いテイストのカクテル

佐久間君とよく遊んでいた頃の俺

サンタフェというヤンキー御用達のブランドを着ることもあった

のみ。でも、お酒に対して自身が抱いていたネガティブなイメージだけは、その時幾分かは払拭された気がする。

次に教えられたのが、車の運転だ。

中学時代にバイクの乗り方は学んでいたが、車の運転はまだしたことがなかった。佐久間君は車を持っていたので、その車でたまに運転の仕方を教えてもらう機会を得た。

他にも佐久間君から学んだことはある。それは知識だ。

佐久間君は中学時代に赤城少年院、関東連合の現役時代には久里浜少年院に入院したことがあったので、鑑別所や少年院のこと、またそれらのことが関係してか、法律に関することにもとても詳しかった。まだ15歳という年齢でそういった話を聞くことが出来、学べたのは正直大きかったと思うし、そういった経験が俺のことを他の同世代の人間たちよりもませさせたのではないだろうか。

社会問題にまでなった動員力

佐久間君が知り合いから受けていた仕事のひとつに、プロ野球の巨人戦のチケットを大量に入手してダフ屋に流すというのがあった。俺がまだ15歳だった頃は、巨人戦のチケットというのはとても価値のあるものだった。その整理券を入手するために多くの人間を早朝から東京ドームに集めていたのだが、その人数集めが俺に任された仕事だった。

試合がある度に俺と地元の先輩は地元や地元周辺から100人近くの若者を動員していたのだが、俺よりも更に多くの若者を毎回連れてきていた人間たちがいた。

それが関東連合だった。

1度に400人近くの若者を集めていただろうか。まだ15歳のガキが若者たちを半ば強制的に100人集めるだけでも大したものだと思うが、関東連合は軽くその4倍。しかも無償で、だ。すごい動員力だと思った。関東連合のOBは、それで毎回100万円近くの報酬を得ていたのではないか。まだ10代の少年が得るには大きすぎる報酬だ。

その時俺は初めて地元の先輩以外の関東連合のOB、また現役のメンバーと接する機会を得たのだが、現役メンバーの常に殺気立った異様な雰囲気と、動員されていた若者たちの目の脅えがとても強く印象に残った。まさかその後俺自身がそのグループの中心メンバーとなっていくなんて、もちろんその時は露ほども思っていなかった。

最終的にその仕事はテレビのニュースにまで取り上げられ、大きな社会問題となってしまったために打ち切りとなった。原因は多くの若者を動員していたことにある。最後のほうは動員される若者の人数も更に膨れ上がり、朝から登校しない生徒が多いことを不審に思った学校側が生徒に聞き取りを行い、警察に相談したことが発端だったと聞く。

関東連合に加入

佐久間君がバイク好きということもあって、周りが次々とバイク、しかも希少な旧車を購入していった。

俺自身もＲＺ２５０からはじまりＧＳＸ２５０Ｆ、スーパーホークⅢＲ、ＣＢＸ４００Ｆなどに乗っていた。だが、そんな佐久間君グループのことを快く思わない地元の先輩たちもいて、佐久間君がいないタイミングを見計らい、溜まり場となっていた人間の家に包丁を持って襲撃を仕掛けてきた先輩たちもいた。俺が中学生だった頃にあった襲撃事件と同じで、その先輩たちはお酒に酔っていたというから、きっと暇潰しとしてそれを行ったところもあるのだろう。俺が唾棄し、軽蔑するタイプの人間だ。

先輩から買った当時の俺の愛車

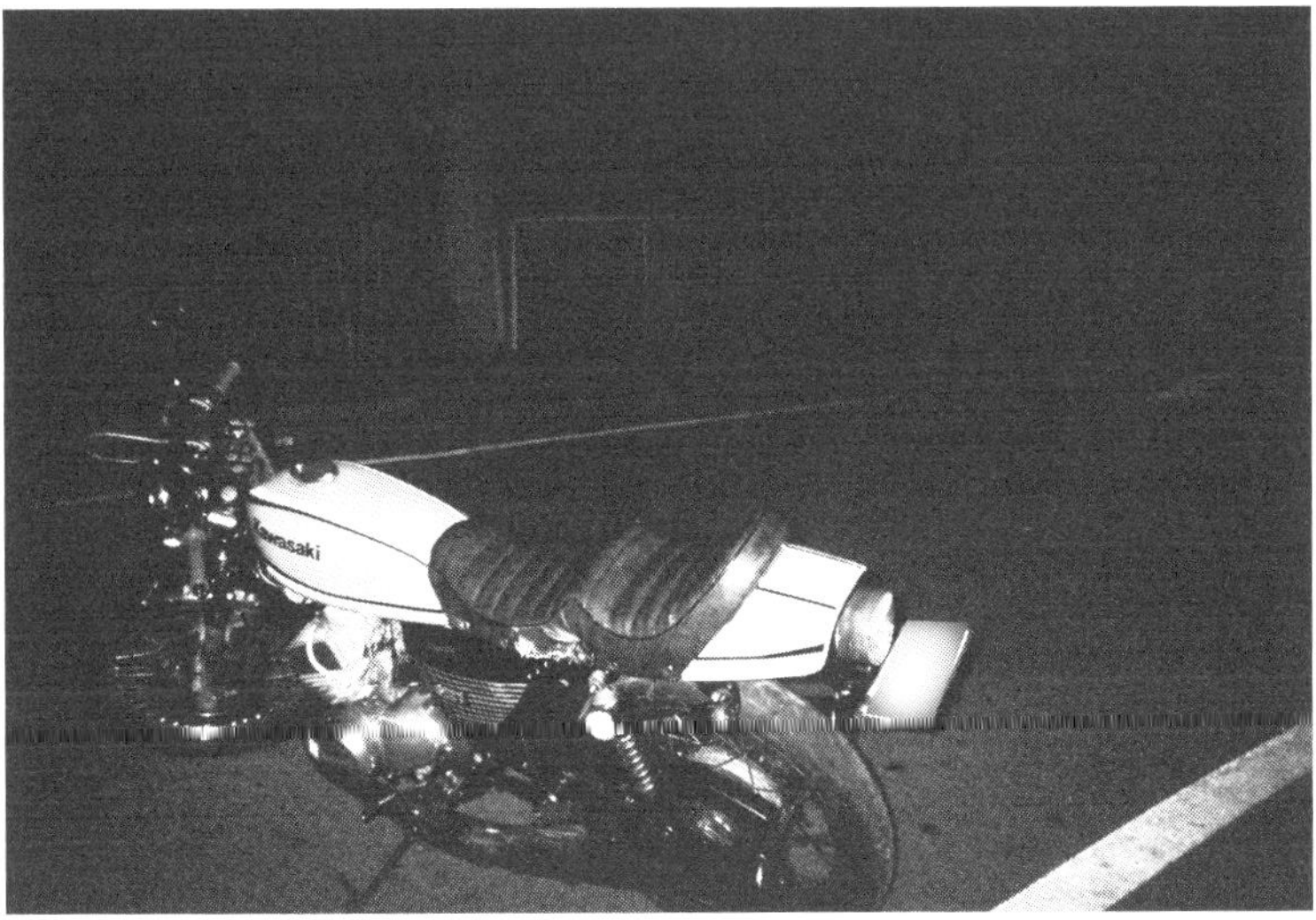

仲間が乗っていたＫＨ。音がうるさく後ろを走るとオイルが飛んでくるので、周りからすると迷惑なバイクだった

俺はその場にはいなくて何の被害もなかったのだが、その件はすぐに地元で噂になった。

また、その時期は都内に暴走族グループが雨後のたけのこのように乱立し、至るところで抗争事件も勃発していた。そのようなことから、地元を含め都内で安心してバイク、特に暴走族グループが喉から手が出るほどほしがる希少価値のある旧車を乗り回せる環境はないとまでいえた。

だからか俺の周りからは、「誰からも咎められることなくバイクに乗りたい」「なぜ自分で金を貯めて買ったバイクを堂々と乗れないんだ……」という声が漏れはじめていた。そして日に日に友人内でそういった声が大きくなっていくにつれ、「自分たちも暴走族のグループに入ればいいのではないか」という話も出るようになった。

そのような流れから、友人たちから俺にも「一緒に暴走族をやらないか?」と声が掛かった。

俺は最初その誘いを「俺はいいや。今のままで充分満たされているし」と断った。その俺の態度に周りは驚いていた。中学時代からの俺を知っている人間からすれば、「いいね、やろうぜ！」と、ふたつ返事で賛同してくれると思っていたのだろう。

俺としては逆に、「絶対こいつだけは暴走族なんてやらないだろう」と思っていた人間が乗り気だったことに驚いていた。

その頃の俺は、彼女やよくつるんでいた後輩たちもいて、先輩との関係も良好。何の不満もない生活を送っていた。というか、そもそもバイクに乗れればいいだけで、暴走行為自体にはあまり興味がなかった。だが、そこから事態が変わっていく。

まず地元の先輩が暴走族をやらせる条件として、俺もそのチームに入ることを求めてきた。それによって、ますます周りからの「一緒にやってくれるでしょ？」というプレッシャーが強まった。

それともうひとつ、その頃都内では暴走族やギャングなどのチームの活動が非常に活発で、書くのも憚られるような凄惨な事件も頻繁に起きていた。そういった事件を耳にする度に、「もし同じようなことが彼女や俺の身近にいる人の身に起きたら……」と否が応でも考えさせられた。

そんな俺が、「もっともっと俺が力をつけて周りを守れるようにならないと……」という考えに至るのに大して時間はかからず、俺の心変わりを周囲は喜び、歓迎してくれた。

だが、いざ暴走族としての活動がはじまると、離脱者が続出した。皆、毎週末に仲間と集まってお祭り騒ぎで集会を開く、そんなマンガのような世界を想像、いや、期待していたのだろう。実際はそんな世界とは真逆だった、関東連合というグループは……。

関東連合の決まり事

関東連合は他の暴走族グループと違って非常に特殊な集団だった。

まず御法度となっている決まり事が多かった。

ひとつは〝薬物厳禁〟。この決まり事はOBになってからも続く。ヤクザの道へと進み、シノギとして扱う分には何の咎めも受けないが、薬の使用で逮捕される人間がいた場合は、時に仲間内から鉄拳制裁を受けることもある。薬物に対して嫌悪感を抱いていた俺からすると、その決まりはすごく賛同することが出来た。

次に御法度となっていた決まり事は〝窃盗厳禁〟。

他のチームやモグリ行為をしているような人間からバイクを没収するのはよしとされていたが、人様の家から黙ってバイクを盗む行為は禁じられていた。俺自身、過去にバイクを何者かに盗まれたことがあったので、こちらも理解を示せる決まり事だった。

そして、もうひとつ特筆すべき決まりが〝女人禁制〟。彼女がいるのは咎められなくても、もし単車の後ろに女性を乗せているのをOBに見られようものなら、呼び出されてヤキを入れられることも考えられた。俺が関東連合の現役時代、集会中にあるOBがギャラリーの女性に声を掛けて単車の後ろに乗せようとしたことがあったのだが、他のOBから「俺たちは女のために集会やってんじゃねぇだろ！」「今日は捕まった仲間を激励するためにやってんだ！」といった怒声が飛んだことがあった。

確かにその時はOBも総出で、練馬鑑別所まで収監されている仲間を励ますために集会を開いていた。もしかしたら仲間内には、「厳しすぎる」「女を単車のケツに乗せることぐらいいいだろ」と思う人間もいたかもしれないが、俺自身はその言葉を聞いた時は「硬派でかっこいいな」と感銘を受けた。それに俺自身も、暴走行為をする時と他元を走る時は絶対に彼女をバイクの後ろには乗せなかった。バイクで大きな音を立てて走るということは、それだけ警察から追われたり、敵対している者から襲われるリスクが高まることを意味する。また、地元ではなく他元の場合は、敵を撒くための道にも精通していない。そのような不安要素があるなかで、彼女を自分のバイクの後ろに乗せる気にはどうしても俺はなれなかった。

時にはキチガイさを出すために眉毛をすべて剃り落とすこともあった

〝黒帝會〟という言葉を使い出したのは、ある古い関東連合OBが「『BLACK　EMPEROR』は横文字で軟派だから代わりに黒帝會という言葉を使え」と言い出したのがきっかけだったと聞く。その流れからか都内のブラックエンペラーの特攻服は背文字厳禁。背文字の代わりにたすき掛けの硬派なスタイルを貫いている

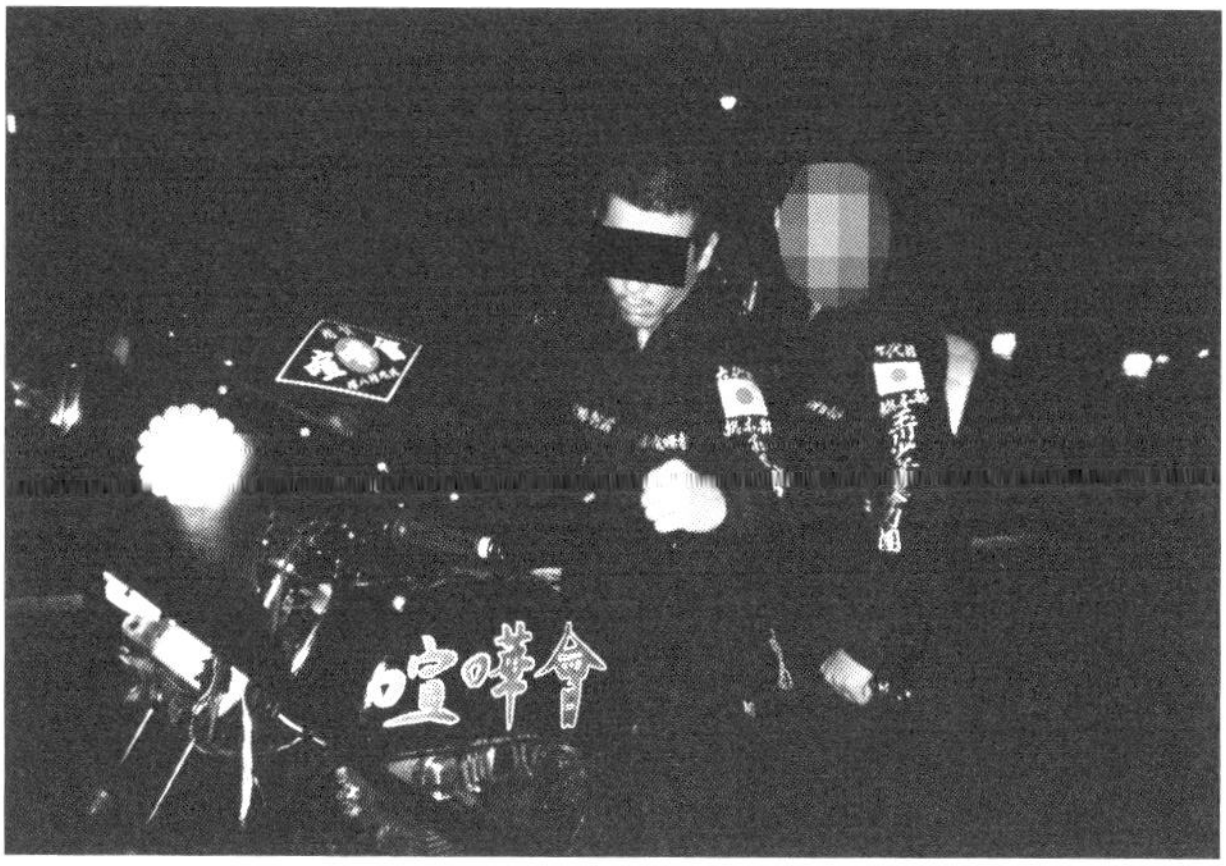

世田谷区の芦花公園で事件を起こした用賀喧嘩會のメンバー、パルコ（左）。そのあだ名は有名な不良マンガから付けられた

実際、このような出来事も過去にあった。

関東連合と友好団体である「用賀喧嘩會」というチームのメンバーが、「調布ルート」というチームに襲撃を仕掛けられ、返り討ちにしたことがあった。調布ルート側は10人以上いたのに対し、用賀喧嘩會側はたったふたりで応戦したという。その時、パルコというあだ名のメンバーは相手から刃物で耳をはすられたりもしたが、良月という武闘派メンバーの活躍もあって、相手から奪い取った金属バットで逆に次々と相手メンバーの頭をかち割り、一蹴したそうだ。ただ、用賀喧嘩會のメンバーはそれだけでは気が済まなかったようで、後日調布ルートを含めた「ＣＲＳ連合」という暴走族グループが集会を開いているという情報を聞きつけ、逆に襲撃を仕掛けたことがあった。

その時、女性を後ろに乗せていた調布ルートのＯＢが、自身に目掛けて繰り出された攻撃を屈んで避けたため、後ろに乗っていた女性に被弾してしまったことがあった。女性はケガを負ってしまい、警察に被害届を出された用賀喧嘩會のメンバーは逮捕されることとなったのだが、後からその集会に女性も参加していたことを知った関東連合サイドからは、「女ひとり守れねぇなら、女を混ぜて集会なんてやってんじゃねぇよ！」「普通は逆だろ。

男が女の盾になってやれよ」といった声が挙がっていた。当然だろう。前述の通り、暴走行為を行えば必然的に警察に追われるリスクも、また誰かから襲われるリスクも高まるのだから、それらのことを考えずに走るのは愚の骨頂としか思えない。

他にも関東連合には〝強制短髪〟（極短のパンチパーマかスキンヘッドのみ）、服装はノータックのスラックスに革靴、毎日他元まで遠征し、索敵して襲撃を仕掛けることが義務付けられていた。

確かにそこまでのハードスケジュールを課さないと、敵対しているチームをすべて壊滅し、群雄割拠の東京でナンバー1になるのは難しい。

「自分の代で食物連鎖のトップから降りるわけにはいかない」「逆にもっともっとグループを大きくしていかないと……」。そんなプレッシャーと日々闘いながら、俺は現役時代を過ごしていた……が、スラックスに革靴という出で立ちで毎回ケンカをするのは、並大抵の苦労ではなかった。

目の当たりにした暴力性

関東連合のあまりの厳しさと現役の先輩たちからの苛酷なヤキによって、一緒に加入した仲間たちは次々と脱退。チームの人数は減っていく一方だった。そんななか俺は、加入する前から関東連合の厳しさ、暴力性というものを実際に目の当たりにしていていくらか免疫が出来ていたので、そこまで動じることはなかった。いや、一番の理由は、自分が育ってきた特殊な環境のおかげだったかもしれないが。

俺が目の当たりにした出来事は、とある窃盗事件から起きたことだった。

関東連合加入前、盗難の心配がなさそうな先輩の家にバイクを預けていたのだが、ある時、不審な男ふたりが夜中に俺のバイクをいじっていたという連絡が入った。幸い、家主がすぐに気づいたため、その不審者ふたりは逃げていったのだが、バイクを止めていた家は住宅街の奥まった場所にあったので、地元の地理に明るい上、何か情報を持っていないとバイクまで辿り着くのは不可能だった。なので、すぐに地元の仲間たちに連絡を入れ、それぞれのバイクが無事かを確認するよう促した。

するとなんというタイミングか、ちょうど他の仲間のバイクを盗もうとしていた二人組の男を発見。すぐに取り押さえた。その場には佐久間君が連絡を入れた関東連合のOBや現役たちも集結し、すぐに地獄絵図と化した。

捕らえたのが人気《ひとけ》のない場所だったこともあり、逃げ惑うそのふたりを弄ぶかのように車ではね飛ばした後、苛烈な暴行を加え、戦意や逃げようとする意思を一瞬で喪失させた。そして、ふたりを連れて場所を移動しようとした時、ふたりが乗ってきていた車も動かそうと俺が車内を覗くと、人の気配が……。

俺が後部座席のドアを開けると、俺と同じ中学校出身で1学年上の夢田という先輩がうつ伏せになって後部座席に横たわっている姿が視界に入った。

「大丈夫ですか!?」

「夢田がなんでここに!?」

そう皆が思ったことを口にしながら夢田君の体を起こすように揺らすと、夢田君は「うぅ……」と呻きながら目をうっすらと開けた。

それを見て俺たちはすぐに「夢田君はこのふたりにさらわれて、バイクの在り処を吐かされたんだ……」と思い、二人組に向かって「よくも地元の人間をこんな目に遭わせやがったな！」と、その怒りを余すところなくぶつけた。二人組は「ちょ、ちょっと待ってください‼」と何か言いたそうに懇願していたが、夢田君の苦悶の表情を見た俺たちを止めるまでには残念ながら至らなかった。

「大丈夫ですか？　自分たちが来たんでもう心配はないですからね！　あのふたりにはきっちり落とし前をつけさせますから！」

その言葉に対し夢田君はどこか浮かない表情を浮かべ、「気分が優れないから早く家に帰りたい」と繰り返すばかりだった。夢田君の訴えを聞いて、「よほどショックだったのだろうな……」とその心情を察し、夢田君を何人かで自宅まで送り届けた。

だが、ここから誰もが驚愕する予想外の展開に。

関東連合の拷問は、誇張なしに筆舌に尽くしがたいものがある。今まで俺が見てきたなかで、口を割らなかった者など見たことがない。それほど苛酷だ。

バイクの窃盗を企てたその二人組も、もちろんその例外ではない。俺が夢田君を送り、皆がいる人の気配がまったくない深夜の祖師谷公園に行くと、血まみれで正座をさせられていた二人組はすでにすべてのことを洗いざらい話していた。

ふたりは神奈川県にある「螢死蝶《ケイシチョウ》」という暴走族グループのメンバーで、同じ学校に通う友人から「うちの地元には旧車がたくさんある」という情報を得て、わざわざ車で遠征しに来たという。話を聞いていてそこまでは合点がいったのだが、そこからだった、事態の様相が一変したのは。

実はその二人組を手引きしていたのは、俺がつい先ほど家まで送り届けた夢田君だったというのだ。

「まさか夢田君が地元の友人のバイクを売り渡すような真似をするなんて……」。にわかには信じられない話だった。だが、二人組の口から語られる言葉は必死さも帯びていて、生々しいほどリアリティーがあった。俺は関東連合のOBから命じられ、事の真偽を確かめるために再度夢田君の家へと向かった。

眠たそうな目をして夢田君は玄関口に現れた。

「確認したいことがあるので、今すぐ自分と来てください」

と深刻な表情と口調で伝えた。

「今日じゃないとダメなの？」

「今すぐでないとダメです。あの場にいた皆が夢田君が来るのを待っていますから」

他に選択肢がないかのようにきっぱりと言い切った。

俺が再度自宅に訪れた時点で夢田君は今どのような事態になっているのか、また自分に対し疑いの眼差しが向けられていることを察していたのだろう。普段口数の多い夢田君が、皆が待つ公園に着くまでまったくの無言だった。

公園に着くとすぐに関東連合のＯＢから尋問がはじまった。

夢田君はまるで借りてきた猫のように、いや、生まれたての小動物かのように小刻みに震え、発せられる声もそれに同調していた。

異常に腫れ上がった二人組の顔を見て「これ以上嘘を重ねても意味がない」と観念したのか、夢田君は聞かれたことに対し、素直に答えた。

やはり裏で手引きしていたのは夢田君で、俺たちが現場に突然現れた時は「まずい！　このままでは見つかる！」と考え、二人組が乗ってきた車の後部座席に横たわり、息を殺して隠れていたという。きっとその間、生きた心地がしなかったことだろう。だがその時、夢田君に僥倖が訪れた。後部座席に静かに横たわる夢田君の姿を見て、俺たちが皆「夢田君がさらわれていた」と勘違いをしたからだ。「同じ地元の人間がそんなことをするわけがない」という先入観が自動的にそう判断させたのだろう。夢田君としては、後はうまくそれに乗っかるだけだった。

夢田君は直立不動の姿勢で投げかけられた質問に受け答えし、時折飛んでくる打撃を受ける度に派手にぶっ倒れていた。

俺がまだ中学生の頃、夢田君は異国の血も入っていたからか、体格もがっしりしていてケンカが出来ることで知られていた。だが、その時の夢田君は俺の知っている夢田君とは別人で、圧倒的な力の差、壮絶な暴力を前に、必死に許しを乞い、ただただ怯えているばかりだった。

「これが関東連合というものなのか……」

その暴力性を実感した瞬間だった。

全日本狂走連盟との抗争事件

柴田大輔率いる「宮前愚連隊」と関東連合の「千歳台ブラックエンペラー」、「上北沢鬼面党」、「上町小次郎」のメンバーらが関わった品川区の五反田で起きた「全日本狂走連盟（全狂連）」との抗争事件。

それは、柴田の同い年の友人で宮前愚連隊のメンバーでもあった田口鉄太という人間が、敵対していた全狂連という暴走族グループに拉致され、壮絶なリンチを受けたことに端を発した抗争事件だった。OB同士が日時と場所を決め、双方の現役が決着をつけるべく五反田に集まった。その数は双方併せ80人に近くにもなったという。1997年7月7日、午前3時頃のことだ。

関東連合はケンカに明け暮れている、ふるいにかけられた少数精鋭の集団。関東連合側は20数名だったのに対し、相手側は倍近くの人数がいたが、ひとりとして怯まなかったという。

決闘がはじまると、関東連合側は一切躊躇することなく一斉に相手に向かって駆け出した。そんな狂気じみた様子に全狂連のメンバーはひとり、またひとりと雪崩を打ったように逃げ出した。

恐怖というのは簡単に連鎖する。あっという間に蜘蛛の子を散らすような状況になったという。

そこまで来ると、あとは狩る側と狩られる側だ。ただ、そのようななかで全狂連側でひとり立ちすくんでしまった人間がいたそうだ。その人間が抗争事件の一番の被害者となってしまった……。

抗争事件で関東連合のメンバーはほとんどが逮捕され、主犯格だった柴田は〝特別少年院送致〟で久里浜少年院に入院することになった。事件の発端になった田口が責任を感じ、柴田の罪をすべて被るため警察に出頭したのだが、田口のことを想ってか柴田は逮捕後、「被害者を刺したのは自分だ」と自供。柴田は主犯格と認定された。他にも、後に格闘家として活躍することになる清園という小次郎のメンバーも逮捕されたのだが、両親が警察官だったため、片方の親が責任を取って辞職したという。

どちらのチームにとっても失うものの多い抗争事件だった。

国立で起きた大乱闘と逃走劇

俺が関東連合に加入したのはその事件後だったので、現役の人数はかなり少なくなっていた。しかも、俺が加入後すぐに、世田谷区の芦花公園で用賀喧嘩會と宮前愚連隊のメンバーが刺殺事件を起こし、更に数名の逮捕者を出してしまっていた。

だからか、残っているメンバーで広域に渡って他のチームの活動拠点をもカバーしなければならず、毎日先輩たちからの呼び出しやケンカに大忙しだった。

そのような日々を過ごしていたある日、立川方面にある田無のブラックエンペラーのメンバーから、「他の暴走族グループを潰すため、助っ人に来てほしい」と助けを求められたことがあった。

普段交流があるチームではなかったので助ける義理はなかったが、その頃はまだ若く血気盛んだったため、ただただ争いを求め参加することに。

スクーター7〜8台で高井戸から高速道路に乗って目的地の国立を目指したのだが、今になって思うと、スクーターで高速道路に乗るなど、本当に無謀なことをしていたなと思う。

同じスクーターとはいえ、車種や改造の仕方で微妙な違いが出る。高速道路などの長距離をアクセル全開で走り続けていると、それは次第にかなりの差に。なので、はぐれないよう先に走っていたメンバーたちは国立の降り口のところで後続のスクーターを待つことにした。

田無のメンバーとの待ち合わせ場所は国立の降り口からすぐのところだったので、迷うことなく合流することが出来た。合流後コンビニの裏手にあった大きな駐車場のようなところに行くと、相手のグループはすでに待機しており、その人数はこちらの倍近くの30人以上はいた。

が、いつものように手慣れた感じでこちら側が一斉に襲い掛かると、圧倒的な力の差にパニックに陥ってしまった人間もいたようで、なかには壁をよじ登ってまで逃げようとする人間もいた。そのような有り様だったので、いくら相手側の人数が多かったとはいえ、制圧するのにさほど時間はかからなかった。

逃げ出した者以外を全員その場に正座させていると、様子を見に来たのか、後から関東連合のOBが車で現れ、突然ある余興を提案してきた。

「おい、南山。こいつを一発で落としてみろよ」

〝落とす〟というのは失神させるという意味だ。OBの人間が選んだのは、相手側のなかで一番目立っていたスキンヘッドで迷彩服を着た、身長180センチ以上はある肥満体の大男だった。

だが、南山というメンバーは「あぁ、はい……」と気怠そうに返事をした後、本当に一撃でその大男を失神させてしまった。南山が構えてからほんの2、3秒の出来事。そのショーにOBの人間は味を占めたのか、続けて、

「おい、良月。今度はお前がやってみろよ」

と命じた。それに応じて良月君が一歩前に出て、

「わかりました。けど、今右こぶしをケガしているんで蹴りでもいいっすか？」

と言った後、OBの人間が選んだ別の人間を右のハイキックで見事に失神させた。それら一連の出来事を間近で見ていた俺は、「関東連合というグループは噂以上だな……ケンカの仕方もレベルも抜きん出て違う」と思い、その日を境に、実力者や曲者揃いの関東連合のなかでいかに自身が頭角を現していくかを考えるようになった。

その余興の最中、近くの屋台で飲んでいたヤクザと思しき中年の男が、「おい！　ガキ共、ここで何やってんだ!?」と組織の名前を出しながら威勢よく乗り込んできた。すると、今度はOBの人間が有無を言わさずその男のことを殴って失神させてしまった。それも一撃だったから何とも皮肉な話だ。

だが、話はここで終わらない。その直後、「大規模な乱闘事件が起きている」という通報

を受けた警察が大勢駆け付けてきた。

「全員バイクに乗れ！　まずはＯＢから逃すぞ！」

その号令と共に、俺たちはバイクにまたがり、横一列になってパトカーが前に出られないようその進路を塞いだ。

ＯＢが乗車した車のテールランプが見えなくなると、今度は自分たちが逃げる番だ。

例え信号があってもスムーズに進行出来るよう先を走る部隊と、パトカーの進路を塞ぎ続ける部隊と、それぞれが瞬時にうまく役割を演じながら、警察との追いかけっこを続けた。

そういったところも、関東連合のメンバーは慣れたものだった。ただ、その日は普段と少し勝手が違っていた。メンバー全員が国立にまったく土地勘がなかったというのと、大きな通りを曲がる度に両車線にパトカーや覆面パトカーが待機していて、時間が経つにつれ追尾してくるパトカーの数も６台、７台と増え続け、国立の警察の本気度というものをひしひしと感じた。

「どうする!?」

「さすがに原付じゃ持久戦は不利だろ！　ガソリンが持たない人間も出てくるんじゃない

18歳の頃まではタバコを吸っていた

か！」

「大通りは避けて、狭い道に入って撒ける場所を探そう！」

スクーターを運転しながら大声で会話をした後、俺たちは住宅街のほうへとハンドルを切った。その判断が見事に功を奏した。偶然車が通り抜けることが出来ないような狭い道があったからだ。そうして俺たちは無事に地元へと帰ることが出来た。

訪れた分岐点

結局この乱闘事件は、途中で割り込んできたヤクザ風の男と相手グループのメンバーの何人かが警察に被害届けを出したために事件化。関東連合のメンバーの多くも逮捕されることとなった。

後から聞いた話では、田無のブラックエンペラーのメンバーが警察に余計なことをいろいろとしゃべったため逮捕される人数が増えたとのことで、「わざわざ頼まれて助っ人に行ってやったのに有り得ねぇだろ」といった声が上がっていた。真偽のほどはわからないが、その後田無のメンバーと本流である都内の関東連合が交流することは一切なかったので、何か余計なことをしたのだけは間違いないだろう。でないと、俺たち助っ人側の素性は警察にバレようがなかった。

初めて入った警察署の留置場は衝撃的だった。

俺が勾留されたのは八王子警察署の留置場だったのだが、食事はひどい、入浴出来るのは5日に1度、もちろん携帯電話だって使うことは許されない。被疑者に許された娯楽は本だけだ。だからか、異常に長く感じる1日……。

「自由を奪われるということは、これほどまでに苦痛なものなのか……」。非常に狭く汚い牢獄に閉じ込められ、そんなことを何度も何度も思いながら、生まれて初めて〝人間としての尊厳〟だったり、〝人権〟というものについて考えた。だが、幸い俺は本を読むことが好きだったので、その期間読書にひたすら没頭することが出来た。

ある時、検察官による取り調べのため地検（地方検察庁）に行くと、他の関東連合のメンバーと同行室（待機室）で一緒になった。そのメンバーは俺より2学年上の先輩で事件当日も主導的な役割をこなしていたのだが、看守の目を盗んで話をしていた時、「先輩たち（OB）のやったことはすべて俺のせいにしてくれて構わないから。あの（ヤクザ風の）男を殴ったのも俺がやっていたと（取り調べ時に）言ってくれ」と頼まれた。その時は「これが関東連合の結束力というものなのか」と、自己犠牲精神に感銘を受けた。

もちろん俺は警察から何か聞かれても、「視力が悪いからよく周りのことは見えていなかったし、その男には特に関心もなかったから見てもいなかった」と答え、その先輩のせいにはしなかった。そのように男気をみせた先輩のせいにするのは気が引けたというのもあるが、それ以上に警察や権力というものに迎合しないことが男であり、関東連合なのだと自発的に思ったからだ。

住居が世田谷区だったため、俺は八王子鑑別所から東京の練馬区にある少年鑑別所に移送されると、体育館での運動時に他のメンバーたちとも顔を合わすことが出来た。そこで仲間たちの安否や様々な情報を得て、逮捕後初めて安堵した。

鑑別所に入所して少しすると家庭裁判所から調査官が来て何度か面接を行うのだが、この面接が鑑別所に収容されている少年にとって非常に重要になってくる。なぜなら少年審判時、成人の裁判で例えると検察官の立ち位置に当たるのがこの調査官だからだ。調査官は担当した少年にはどのような処分が適切なのか裁判所に意見書を提出する。

だが俺はこの調査官から、「このまま社会復帰させるのは君の場合は難しい」「君を地元に帰すわけにはいかない」と突き放すように言われた。

通常であれば保護観察という処分で社会復帰出来るケースだったのだが（実際に同世代のメンバーは皆、保護観察という処分で社会復帰していた）、俺が所属していたのが関東連合という調査官にも知られている悪名高いグループだったのと、警察の取り調べに非協力的な上、家庭環境もよくないというのが枷《かせ》となっていた。最終的に調査官から落とし所として提案されたのが、「地元には帰らず東京から離れるというのであれば」という条件だった。

「それで社会復帰出来るのなら」という安易な考えから了承した俺は、社会復帰後すぐに大阪へと飛んだ。

大阪は父の出身地ということもあって年齢の離れたいとこが住んでいた上、防水とコーティングの会社を経営していたので、そこでしばらくの間俺のことを預かってもらえることになっていたからだ。まだ礼儀もなっていないクソガキだった俺のことを善意で預かってくれた親戚一同には今も感謝の気持ちしかない。

いくら小さい頃から大阪に行く機会があったとはいえ、大阪には友人もおらず、毎日職場といとこの家を往復するだけだった。

だが、いとこの家は大きな3階建ての家で、表の駐車場のスペースには何台もの車を止めることが出来るほど広かった他、いとこの会社で使用している倉庫などもあるほどの豪邸。しかも1階は大きな道場になっていたので、そこでサンドバッグを叩くなどして毎日いい感じでストレスを発散することは出来ていた。そのような立派な家だったからか、俺がまだ生まれる前の頃、泥棒に入られたこともあったという。だからか、1階と2階をつなぐ階段には黒光りした立派な鉄格子が設置されていて、家のなかとはいえ簡単には通れないようになっていた。もちろんいとこの家はセコムにも加入していたのだが、俺が居候をはじめてすぐの頃、誤ってセンサーを鳴らしてしまったことがあり、同居人名簿に名前が載っていなかった俺はセコムの警備員にかなりしつこく疑われるといった笑えない出来事もあった。

「親戚は皆、なぜここまでしてくれるのだろう……」と疑問に思うほど親切に、親身になってくれた。それに毎日誰かと食卓を囲む環境が俺にとってとても新鮮で楽しかった。次女が高校卒業と同時に実家を出てからは、俺が荒れた生活を送っていたため母と食卓を共にする機会もなくなっていた。だから、尚更そう感じたのだろう。「こういった穏やかな日々もいいものだな……」と思った。

だが、当時俺のところには毎日先輩や友人たちから「早く地元に戻って来てほしい」といった連絡が来ていた。また、俺が不在となったことで、関東連合としての活動も停止した状態になってしまっていた。そこで俺の悪い癖が出た。頼られるとどうしても断れない。気がつけば、「早く地元に戻らないと……」、という気持ちが芽生えていた。

今になって思うと、あの時が矯正施設風に言えば更生するチャンス、暴力や争いという名の螺旋から降りるチャンスだったのかもしれない。当時はまったくそういった自覚はなかったが、結果的に俺が選んだのは平穏とは真逆の道だった。突然の帰京宣言。親戚に対し「不義理をしてしまった……」と思いながら、俺は東京行きの新幹線に乗っていた。

逮捕されてから5カ月近い時が経っていた……。

4章　抗争

現役活動の再開と宮前愚連隊との再合流

地元に戻ると不在の間に起きた出来事を確認する作業に追われた。

10人以上いた同世代のメンバーも逮捕を機に更生したり、地元から家族ごといなくなったりしていて、俺を含め3人になっていた。地元の先輩である佐久間君すらも逮捕されていたため、地元は以前のような活気を完全に失っていた。

そのような状況だったので、残った3人で一段と奮起し活発に活動する必要があった。

3人で気を吐いた活動を続けていると、ある時宮前愚連隊のOBから協力の要請があった。話によると、東京の浅草を拠点とする「山谷連合」と練馬を拠点とする「東京連合」の混合チームと抗戦中で、相手グループを壊滅させるために力を貸してほしいとのことだった。

その当時、宮前愚連隊には俺より1歳下の現役が4、5人ほどいたが、どのメンバーもまだケンカ慣れ、襲撃慣れしていなかったためか、相手グループの早急な殲滅に俺たちの力が必要だと感じたようだ。

宮前愚連隊には俺より1歳上のメンバーが大勢いたが、厳しさに耐えられずひとり残らずいなくなってしまっていた。きっと場慣れしている俺たちを引き込むことで、宮前愚連隊のメンバーの底上げを狙ったのだろう。OBが手取り足取り教えるには労力が掛かりすぎる。現役同士をつるませるのが一番勉強になり、手っ取り早いのは確かだ。だが、その目論見は大きく外れてしまう。

俺たちと一緒に活動するようになった直後、相手グループのメンバーを襲撃した仕返しを受けて、宮前愚連隊の現役メンバーのひとりがナイフで刺されるという事件が起きた。

幸い、命に別状はなかったのだが、それですっかり腰が引けてしまったのか、宮前愚連隊の現役メンバーは全員いなくなってしまった。最初は突然音信不通になったため、「相手グループにさらわれでもしたか？」「警察に逮捕されたのでは？」と心配したのだが、すぐに宮前愚連隊のOBのところに現役メンバーの親から「お願いだから息子を足抜けさせてほしい」という連絡が入ったという。

関東連合を抜けるためには、壮絶なヤキを耐え抜かなければならない。

実際、俺の地元のメンバーが抜ける時には1時間以上に及ぶヤキを入れられ、手足どころかアゴまで粉砕骨折した者までいた。フケることを決意した宮前愚連隊のメンバーたちも、きっとどこかでその噂を耳にしていたのだろう。だから親まで引っ張り出して足抜けしようとしたのではないか。メンバーのひとりの親が学校の教師だったというのも、もしかしたらそういった行動に出た理由のひとつかもしれないが。

連絡を受けた宮前愚連隊のＯＢは、「わかりました。けど、本人にあげた服などが大量にあるので、それだけは大事なものなので返してもらいたい」とだけ伝えたそうだ。自分が現役時代に着ていた思い出深いものだったので、フケた人間の手元なんかに置いておきたくなかったのだろう。

どのような理由があるにしろ、いなくなった宮前愚連隊の現役メンバーの分、残った俺たちにそのウエイトが上乗せされたのだけは間違いなかった。

昔の仲間の裏切り

その抗争中、宮前愚連隊のＯＢである竹中という人間の実家が相手グループのメンバーから何度か襲撃され、壊されるという事件が起きた。竹中君の実家の場所を相手グループに裏で教えていたのが、新宿を拠点にして活動していた「ジャックス」というチームのメンバーだった。

そのメンバーはキム兄弟と呼ばれた兄のほうで、フィリピン人のハーフ、名を北村一郎と言った。竹中君は宮前愚連隊に加入する前、その一郎とつるむ機会がよくあったようだ。

宮前愚連隊のＯＢは口々に、「汚い真似しやがって……」「一郎のこともまとめてやってやる！」と憤慨していた。キム兄弟といえば、卑怯や手段を選ばないということで有名だった。いや、それを売りにしているようでさえあった。

一郎が主体となってやったことではないが、このような話もある。

一郎がまだ10代だった頃、関東連合グループのＯＢの玉木鎧君が面倒を見ていた「イラプション」というチームと揉めたことがあった。玉木君と、一郎側の面倒を見ていた関東連合のＯＢの松永重樹君が話し合った結果、代表者同士によるタイマンで決着をつけることになったという。

だが、一郎側は牛田という人間をはじめ、誰もそのタイマンに名乗り出なかったという。松永君いわく、「相手側の代表者があまりにごつい奴だったからびびってしまったのだろう」とのことだった。だが、そのように皆が尻込みをしているなか、一郎だけが名乗りを上げた。

しかし、松永君の目から見て一郎では勝ち目が薄いと思ったようで、松永君はタイマン前に一郎にある秘策を授けた。それは目潰しだった。「まともにやってもまず勝ち目はないから、開始早々まず相手の目を潰せ」と指示された策を一郎は粛々と実行したという。

「ぐぁー!!」という悲鳴と共に目を潰され視界を奪われた相手は、途端に窮地に立たされた。そこからは一方的だったという。だが、圧倒的な不利な状況でも戦いを放棄しなかったというのだから、その相手も大したものだ。

タイマンを終えた後、玉木君は「汚いぞ!」と松永君たちに対して怒り狂って怒声を浴びせたようだが、松永君は結果がすべてとばかりに取り合わなかったそうだ。同じ関東連合グループのOB同士とはいえ、やはり過去にはいろいろなことがある。

一郎たちの面倒を見ていた流れから、松永君は一郎や牛田、竹中君に対し、「関東連合に入れ」と言っていたそうなのだが、関東連合のあまりの厳しさを知っていたからか、「自分にはやれません」と言って誰も首を縦に振らず、断り続けていたという。

だが、その後松永君が少年院に入院し社会不在となると、ここぞとばかりに一郎はジャックス、牛田はヤクザ組織に。そして竹中君だけが関東連合と友好チームの宮前愚連隊に加入した。それぞれがなぜその選択をしたのかはわからない。

ただそんななかひとつはっきりと断言出来るのは、それを機に竹中君と一郎が袂を分かつことになったということ。それだけは間違いないようだ。

ＡＴＭ18億円引き出し事件の主犯格の男

もうひとり関東連合の加入を巡って触れておきたい人物がいる。

それは、２０１６年に起きたＡＴＭ18億円引き出し事件の主犯格として２０１９年に逮捕された井上勇という人物だ。逮捕当時はよくニュースで関東連合の元メンバーと報じられていたが、実際は違う。井上は関東連合のＯＢではない。正確に言えば、数日間だけは加入していたらしいが。

90年代半ばに「ＰＢＢ（後に『ＨＥＬＬＳ』に改名）」の後継チームとして結成されたＴＯＰ-Ｊ。そのＴＯＰ-Ｊのリーダーで、ケンカの強さと顔の広さで関東中に名前を売りまくっていたのが、後に用賀喧嘩會を率いることになる玉木君だった。その同世代の仲間として井上はいた。

ふたりがTOP-J、つまりチーマーとして活動をしていた頃、ふたりの1歳上の佐久間君たち関東連合のOBから「関東連合に入れ」と再三言われていたらしいのだが、玉木君は「誰がやるかよ」「今時ニグロなんてあり得ねぇだろ」と、井上と共に話していたという。

だがある時、玉木君が井上と顔を合わすと、井上の風体は様変わりしていて、髪型は極短のパンチパーマの関東連合仕様に。井上は玉木君の知らないところで勝手にひとりで関東連合に加入していたという。

それを見た玉木君は井上に詰め寄った。「おい！　一体どういうことだよ、勇！」。すると井上は、「ごめん……」と平謝り。責め苦に耐えられなかったのか、玉木君が次に井上と会った時には、「ケジメとして盗んできた」と言って佐久間君たちのバイクに乗って現れたそうだ。

それを見た玉木君は、「一体何てことをしてくれたんだ……」と絶句したという。もちろんその井上の愚行のおかげで、関係のない玉木君まで佐久間君の代の関東連合のOBから壮絶なヤキを入れられたそうだ。

井上勇という男はそういったぶっ飛んだエピソードに事欠かない。でも、何だかんだ最後には許されてしまうのは、彼の人柄によるものなのだろう。〝キャラ得〟というやつだ。

友情がさせた行動

話を山谷連合と東京連合との抗争に戻したい。

暴走族同士の抗争とはいえ、相手グループを指揮していたのは俺より2～3歳上のOBたちの世代だった。だから現役のメンバーに丸投げせず、宮前愚連隊のOB自らも積極的に参戦していたのだろう。もちろん本人らが相手チームから標的にされていたという事情もあったからだとは思うが。

関東連合側の索敵は毎夜行われた。

練馬区や台東区はもちろんのこと、「相手グループの人間が溜まっているのを見た」と聞けば、池袋や新宿にまで足を延ばした。1度、一郎が渋谷のセンター街に溜まっているという情報が入り、人混みのセンター街をバイクで掻きわけながら襲いに行ったことがある。その時は俺たちの姿を見た瞬間走って人混みのなかに逃げられてしまったが。その後もキム兄弟のことは何度も襲ったり、さらおうとしたのだが、その度うまく逃げられ続けた。そんなふたりのことを俺たちは〝はぐれメタル〟と呼んでいたほどだ。また、俺が特別少年院に入院する直前の2000年5月頃には、このようなこともあった。

OBの見立真一たちが渋谷にいる時、スクランブル交差点を暴走するバイクの群れが突然現れた。当時、渋谷でそのようなことを許されていたのは、俺たち関東連合だけだった。見立たちはすぐさまその群れに襲いかかったという。予期せぬ襲撃に逃げ惑う集団。そのなかに1台の車があった。見立たちはその車にも襲いかかったのだが、途中で逃げられてしまった。その車に乗っていたのが一郎だった。本人は「俺はその集会に関与していない！　無関係だ！」と周りに弁解していたらしいが、その態度が余計に気に食わなかったのか、見立たちは一郎の友人の牛田にすぐに連絡を入れた。その時には緊急招集がかけられていたため俺もその場にいたのだが、電話口の牛田に向かってOBのひとりが、「おい牛田！　テメーは一郎の居場所を知ってんだろ!?　さっさと教えろ！」と怒鳴り声を上げていた。それに対し牛田は、「本当に今は一郎とは連絡を取ってないので知りません！　嘘じゃないです！　信じてください！」と哀願していたそうだ。見立はそれを聞き、「牛田の家なら調べればすぐわかるから、もし嘘だったらアイツもアイツの周りも全員さらおうぜ」と俺たち全員の前で宣言していた。

最終的にキム兄弟が仕留められたのは、俺が成人した後のこと。弟の幸次は吉祥寺で、一郎は池袋のキャバクラで捕まり、病院送りとなった。

話を当時に戻そう。

そのように毎夜根気強く索敵を続けているなかで、感心することがあった。それは宮前愚連隊のOBのタフネスさだ。

俺たち現役は他のグループを壊滅するのが仕事のようなものだったから、夜に備えて昼はしっかりと身体を休めていたのだが、OBは違っていた。昼は仕事をしている人間もいたので、よく「一体いつ寝ているのだろう……」と疑問に思っていた。OBのひとりが、「俺は昼間は警備員の仕事で不審者や万引き犯を捕まえているけど、夜は敵対している連中を捜して捕まえようとしている……そんな警備員、他にいないよな」と言って自虐的に笑っていたのをよく覚えている。そのような生活を続けることになっても、「仲間の実家やその家族を守りたい」という気持ちがそれぞれの胸中にあったのだろう。

だからか、誰も愚痴のひとつも言わなかった。そんなOBの姿を見ては俺も、「力になりたい」と日に日に感化されていった。

グラチャンでのすれ違い

抗争が思っていた以上に長引いたため、決着がつかないまま年末を迎えた。

12月に入ると竹中君たちから「単車を用意したから一緒にグラチャンに行こうぜ」と声を掛けられた。グラチャンとは正月暴走のこと。俺たち千歳台ブラックエンペラーの面々も、「たまには暴走族らしいことをするか」と参加することにした。

グラチャン当日、帰路につくため俺たちは八王子辺りで高速道路をUターンした。そこで俺はバイクを降り、何かあった時のために付き添いできてもらっていた地元の先輩の車に暖を取るため乗り込んだ。

車に乗車してから少し走ると、高速道路の逆車線に車が1台も通っていないことに気づいた。

「なぁ、何だかさっきから逆車線1台も車が走ってなくないか?」

俺がそう言うと、同じ車内にいた人間たちは皆一斉に逆車線方向を見た。

やはり車は1台も通っていない。

皆で不思議がっていると、その答えが前方に見えてきた。

「おい、高速道路上で人だかりが出来てないか？」

「車のスピードを落としてくれ！」

「おいおい、中央分離帯を壊してねぇか、あれ？」

柄の悪い連中が後続の車をすべて停め、中央分離帯を破壊している姿が確認出来た。

「どうりで逆車線に車が1台も走ってないわけだ」

「一体何がしたいんだ、あいつら……」

そんな言葉を口々に言いながら、俺たちはその場所を通過したのだが、実はそれは山谷連合と東京連合のメンバーたちで、男らは刃物や金属バットを持って通過するバイクを片っ端から襲撃。後にそこは狩り場と化していたという。

俺たち関東連合はすでに皆がその狩り場を通過していたから被害はまったくなかったのだが、グラチャンに参加していた他の暴走族は次々と狩られていったと聞く。山谷連合と東京連合が「関東連合もグラチャンに参加している」という噂を聞きつけ、その暴挙に出たのかどうかは知らないが、俺としては「相手が来ると事前にわかっていればな……。これ以上抗

竹中君と一緒に参加したグラチャン

争を長引かせないためにもその場ですべてのことにケリをつけたかった……」と思い、悔しがった。

その後、抗争はしばしば膠着状態に入る。

俺たちが相手グループの地元に行きスプレー書きを行なうと、3日以内には上から〝×〟が付けられ、こちら側がまた更に上書きをするという日々が少しの間続いた。

そんななか、幸運なことに相手グループのメンバーと繋がっているという女子高生が俺たちの前に現れた。しかも、こちら側の事情を理解し、協力をしてくれるという。まさに渡りに船といった感じだった。今までの経験からして、〝女性〟と〝お金〟は一番の撒き餌になる。

「これでようやく決着がつけられる」

誰もがそう確信した。

もし出会いが違っていたら……

時間は深夜だった。

空気の澄んだ真冬のこと、練馬区内にあるファミリーレストランの前には若い男女の姿があった。

ひとりの男は少し長めの髪、もうひとりの男は柄の悪そうな格好にパンチパーマ。そう、その男こそ俺たちが捜していた東京連合の「悪霊」というチームのメンバーだった。

男たちと一緒にいる女性はこちら側に協力をしてくれている人物。会う場所を事前に知らされていた俺たちは、数台の車に分乗して遠巻きに動向を確認、監視していた。

のん気に女性と談笑を続けるその様子からして、こちら側の動きにはまったく気づいておらず、油断しているのがありありとわかった。男らも車に乗っていたのだが、停車していた場所が不運を招くことに。小さな橋の上に停車していたため、こちら側にとってターゲットの逃げ道を塞ぐのが非常に容易だったからだ。

「今行こう！」

誰かの合図で素早く橋の両側を車で塞ぐと、降車したメンバーがターゲットのふたりに次々と襲い掛かる。頭髪が長い男はさらわれないように橋の石柱に必死にしがみつく。その手を引き剥がすためにメンバーが交互に金属バットで男の腕を殴打する。だが、人というのは生存が懸かった場面では限界以上の力が発揮されるのか、その男は決して引き剥がされま

いと、粘りに粘った。すると後方から、

「もうそっちはいい！　目的の人間はさらったから！」

といった声が聞こえてきた。時間にして1、2分もかかっていなかったのではないだろうか。まさに電光石火の仕事ぶりだった。

俺がターゲットを乗せたワゴン車に乗車すると、すでにターゲットの男は目の周りと手足をガムテープでぐるぐるに巻かれ、車内の床に寝かされていた。

そのままその男は多摩川の河川敷に連れて行かれ、

「誰が竹中の実家を襲ったのか？」

「メンバーの人数や家、溜まり場は？」

「主導している人物は誰なのか？」

と厳しい尋問を受けて、洗いざらいを白状した。そしてひとつだけ気になることも言っていた。

『（自分たちリーダーのひとりが）出来れば鐘井とだけは揉めたくない』とよく言っていました……」

その抗争事件には、宮前愚連隊のOBと仲のよい関東連合のOBもふたりほど参加していたのだが、その内のひとりが相手グループのリーダー格のひとりと過去に同じ少年院に入院していて、施設で仲がよかったのだという。

その話を聞いた時は一瞬沈黙が訪れ、なかには顔を見合わせるメンバーもいた。きっと皆、「なぜそのように思っている人間同士が、ここまで無慈悲にやり合わなければならないのだろう……」「出会いが違っていたら、よい友人、仲間になれていたのではないか……」といったことを考え、複雑な心境になったのではないか。実際、俺は成人後に山谷連合の人間と個人的な付き合いをはじめるようになるのだが、どの人間も気持ちのあるいい男たちで、「なぜ10代の時にこうしてつるめなかったのか……。ゆっくり話せる機会が1度でもあれば、あそこまで揉めに揉めることもなかったのでは……」と思ったものだった。

長時間に渡る尋問を終えた後、さらった男は明け方、意識を失ったままの状態で杉並区の公園に捨てられた。放置されたままになって死なないよう相手グループのメンバーに連絡を入れ、「○○公園に捨てたから拾いに行ってやれ」と伝えたが、相手グループ側は警戒をしてか迎えに行かなかったため、結局は通行人が発見して警察に通報。その後病院に運び込まれたという。

これは余談になるが、俺たちがさらった男はその後、「あの関東連合にさらわれたことに比べたら、もうこの世に怖いものなど何もない」とうそぶいていたと風の噂で聞いたことがある。真偽のほどは知らないが、もしそれが事実だとしても俺は驚かない。その男はそれほどの体験をしたと思うから……。

抗争事件の終結

襲撃達成によって、悪霊というチームは解散した。重傷を負って病院送りになった仲間を見て、「これが関東連合のやり方か……」とでも思い、戦意を失ったのだろう。残る敵は山谷連合のみとなった。

そんななか、相手グループ側から「代表者（OB）同士によるタイマンで決着をつけたい」という提案があった。

「関東連合とのゲリラ戦は不利だ」「タイマンなら勝算があるだろう」相手がそのように思ったのかどうかは知らない。だが、こちらは断る理由がなかった。ゲリラ戦でもタイマンでも、関東連合は一番でなければならないからだ。もしその提案を断れば、「関東連合は逃げた」と言われかねない。それに、これに勝てば相手グループを完全に駆逐することが出来る。俺たちは一層いきり立った。

その決闘にいの一番に名乗りを上げたのは竹中君だった。タイマンに自信があったというのはもちろんのことだと思うが、何より自分のために一緒に怒り、立ち上がってくれた仲間たちの想いに応えたいと思っているようにも見えた。

深夜に都内にある大きな公園でそれは行われることになったのだが、決闘前、ジャージ姿の竹中君は俺の前に来てこう言った。

「俺らの世代のタイマンマシンは今小田原（少年院）にいるから、俺が代わりにやってくるからよ。お前たちの顔をつぶさないためにも、何があっても絶対に『参った』だけは言わないから」

そして最後に「お前の力ももらっていくから」と笑顔で言った後、自身のこぶしを軽く俺の胸に当てた。その姿がとてもかっこよかった。

決闘の場には見届け人として他ふたりの付き添いが認められていたのだが、つい先日まで互いに襲撃を仕掛けて殺し合おうとしていた仲だ。騙し討ちの可能性も完全には排除出来ない。

なので俺たちは3グループに別れ、遠巻きにその公園を取り囲むようにして臨戦態勢のまま待機した。合図があった瞬間すぐに駆け付けることが可能な距離で、だ。

竹中君と相手グループの代表者とのタイマンは思っていた以上に長引いた。終始竹中君が馬乗りになるなどして押し続けていたようだが、相手グループの代表者も「絶対に負けられない」というプライドからか、なかなかギブアップをしなかったという。

あまりにタイマンが長引いたため警察が来るかもしれないということで、最終的にはそのタイマンは中断という形で幕を閉じたのだが、相手側の代表者はタイマン後ふらふらになっていたため、すぐに車のなかに引っ込んでしまった。自分たちの代表者のそんな姿を見た俺より3歳上の相手側のリーダーは、「引き分けという形にはなったが、実質、竹中の勝ちだ。それはあいつ（山谷連合の代表者）の姿を見ればわかる」「（決闘前に）噂で『タイマンに向けて、竹中がタバコをやめて走り込んでいる』と聞いたから、俺が（代表者として）出るしかねぇかなと思っていたのだけど、竹中がタバコを吸いながら現れるのを見て笑ってしまったよ」『悪霊』の連中は実際のところ、お前たち（関東連合）にびびっていたよ」と笑いながら語っていたそうだ。その話を聞いた時は、「トップの立場でそういった不良として認めづらいことを豪快に認め、笑い飛ばしてしまうなんて、なかなか度量のある人間だな……」と感心したのを覚えている。

地元に戻り竹中君と再会すると、「ちゃんと役目を果たしてきたぜ」と笑顔を浮かべて言った後、「そういえば途中で相手から頭をかじられたのだけど、菌とか大丈夫かな？」とかじられた箇所を見せながら言ってきたので、俺は「それだけ相手も必死だったということですね。本当にご苦労さまでした」と労いの言葉を返した。これでこの抗争事件は無事終結……となるはずだったが……。

拘置所の面会室での再会

抗争中、東京拘置所に収監されていた先輩たちに会いに行く機会があった。

ひとりは関東連合のOBの松永重樹君。俺より3歳上の先輩で、現役時に所属していたのは「永福町ブラックエンペラー」。チームの参謀的な役割を担っていた人だった。人として大事な部分が欠落していたとはいえ見立と柴田は、知能の高さという点では間違いなく〝天才〟の部類にカテゴライズされると思うが、重樹君もゼロからイチを生み出すクリエイティブな部分ですごい才能を持っていたひとりだった。同じブラックエンペラーといっても世田谷と杉並で離れていたので、俺とはあまり直接的な絡みはなかったのだが、挨拶と近況報告に行かせてもらった。

「今他（のチーム）とやり合ってんだろ？　頑張れよ」

「俺たち関東連合がよそに後れを取るわけがない」という絶対的な自信からか、緊迫感のまったくない気楽な物言いだった。それが尚更俺の闘争心に「〝常勝〟という関東連合の歴史に、俺たちが泥を塗るわけにはいかない」と火を付けた。

別の日、もうひとりの先輩と東京拘置所の面会室で再会した。

その先輩も現役時代は永福町ブラックエンペラーに所属していて、重樹君の同期。関東連合内でも1、2を争うほどのバリバリの武闘派として名を馳せた人で、同期の人たちからも一目も二目もおかれていた。富岡克也。俺が「富君」と呼び、今も慕っている先輩のひとりだ。

俺が富君と初めて会ったのは、まだ関東連合に加入する前のこと。朝方自宅で寝ていると、しつこい携帯電話の着信音で起こされた。俺が寝ぼけまなこで携帯電話の画面に目をやると、そこには佐久間君の名前が。

「どうせ酔っ払っての電話だろう……」。そう思った俺は通話ボタンを押すことなく折りたたみ式の携帯電話を静かに閉じ、再び眠りにつこうとした。が、その直後、今度は自宅の固定電話がけたたましく鳴り出した。後輩を呼び出すためなら時間を考えずにそういったことをするのが佐久間君だった。別のある時には、寝ていて携帯電話に出ない人間の自宅に電話をして、電話口に出たその人間の母親とこのようなやり取りをしていたこともあった。

「成城警察署の者ですが、息子さんはご在宅でしょうか？」

「……はい、今本人は寝ていますが、警察が一体何のご用でしょうか？」

「ちょっと電話では言いづらいことなのですが……」

「えっ！　息子が何かしたんですか？　いいから言ってください！」

「ええ……実は強姦事件を起こしてしまって、本人から1度お話を伺いたいなと」

佐久間君が言うには、電話口でも母親の全身の力が抜けるのがわかったという。その後、母親は泣きながら息子を叩き起こしたそうだ。

俺の時も早起きの習慣があった母が電話に出た。そしてすぐに母は俺のことを起こしに。

「佐久間君から電話だよ。起きなさい」

「どうせくだらない内容だから『寝ていて起きない』って言っておいて。もう俺のことは起こさなくていいから。おやすみ」

そう言って俺は布団を頭からかぶった。

「これでもう眠りを妨げられることはないだろう」と安堵していたのも束の間、再度俺の部屋に入ってきた母が言った。

「佐久間君と仕事の約束があるんでしょ！　迷惑を掛けたら駄目じゃない！　すぐに電話に出なさい！」

責任感の強い母は〝仕事〟や〝約束〟という言葉に弱い。知恵が回る佐久間君はうまくそこをついたのだろう。渋々俺が電話に出ると、電話口の相手は佐久間君ではなく宮前愚連隊のOBだった。

「お前が太一か？　今佐久間君の家で飲んでいるからすぐに来いよ」

ドスの利いた声で、半ば強制的に俺は呼び出された。非常に腹は立ったが、さすが佐久間君といった感じだった。もし佐久間君から直接誘われても、俺は頑なに断り続けていただろう。

俺が佐久間君の家に着くと関東連合のＯＢが何人もいて、なかなかのカオスな状態で俺は寝起きからお酒を飲まされるハメになった。でも、悪いことばかりではなかった。関東連合内のことや当時久里浜少年院に入院していた柴田の近況を聞くことが出来たからだ。特に印象に残った話が、宮前愚連隊のＯＢが語っていたこの言葉だ。

「最近は現役（のメンバー）に『刺すんじゃなくて切ってこい』と言っているんですよね。刺すところによってはすぐ（相手が）死んじゃうから」

当時宮前愚連隊に対して「無軌道で何でもありの集団」という印象を俺は持っていたが、「柴田君が逮捕された件があって以降は刃物の使い方に少し神経を尖らせているのかな」と思った。また、そのＯＢは、宮前愚連隊というチーム名の改名を考えているとも語っていた。「宮前愚連隊って何かダサくないですか？」と言っていたのだが、俺は「そのままのほうが絶対にいいと思います。もう充分に宮前愚連隊という名前は不良の世界に広まっていますし」と伝えた。その当時、すでに東京中の不良に宮前愚連隊の名は知られていた。その過激さから、宮前愚連隊の名を聞くだけで震え上がる者も多くいて、すでに不良の世界のなかではひとつのブランド化していた。そうなるとどんな名前もかっこよさを帯びてくるから不思議なものだ。作品名や馬名なんかもそうだろう。売れたり、強かったりすれば、その名前は自然とスタイリッシュでかっこよく聞こえるものだ。だから俺は柴田たちが体を懸けて積み上げてきたものを無意味にリセットするのはもったいないと思い、意見させてもらった。そしてその意見通り、宮前愚連隊は改名されることはなかった。

佐久間君の家に着いて2時間くらい経つと、その宮前愚連隊のOBから「同期の人間を杉並まで迎えに行くからちょっと付き合ってくれ」と声を掛けられたので、そのOBの運転する車で杉並区に向かった。

その時迎えに行った相手が、富君だった。

なぜか宮前愚連隊のOBは黒いリムジンに乗っていたのだが、待ち合わせ場所に着くとその広い後部座席に富君はひとりで乗ってきた。服の上からでもわかる筋肉質の体には、白のTシャツと金の太いネックレスがやたらと映えていた。

他の関東連合のOBとは少し異質な感じで、後部座席でポケットに両手を突っ込み、目を閉じたまま一言も話さないその姿がやたら男らしくてかっこよかった。それに富君は愚直ともいえるほど真っ直ぐで、駆け引き知らずの性格。どこか父とも似ていた。それが俺が富君に惹かれた理由のひとつかもしれない。

索敵、スプレー書き、ゲリラ戦

山谷連合と東京連合との抗争を終結させてからは、俺たち現役の関東連合メンバーはまた通常の活動に戻った。

他のチームを一つひとつ壊滅させていくため、毎日他の地域まで索敵しに行った。1週間に1度でも他のチームとかち合い、殲滅出来ればラッキーだなくらいの感覚。それくらい他のチームのメンバーを特定し、ピンポイントで襲撃を仕掛けるのは難しい作業だった。今のようにSNSが普及していれば、またやり方も変わっていたことだとは思うが、当時は当時なりのやり方で常に広く情報収集を行ない、不良の溜まり場などをよく巡回していた。

そのような感じだったので、空振った日には必ず索敵しに行った地域の目立つところに、自分たちのスプレー書きを残すようにしていた。「お前らの縄張りに侵攻しに来てるぞ」という意思表示のためにだ。好戦的で常に争いを求めていた俺たちらしいやり方だった。

そして後日、そのスプレー書きが他のチームに消されていたと聞けば連日集中的にその地域だけを見回り、的であるチームのメンバーを狩っていく。それは相手チームが自分たちの下につくか、解散するまで続く。そういったゲリラ活動と徹底した暴力行為が関東連合の恐ろしさを世に知らしめる要因にもなったのだと思う。

そんなある日、東京の23区外にまで出る用事があり、そのついでに普段行くことのない多摩センターまで足を延ばしたことがあった。

その際も不良っぽい人間が見当たらなかったため、スプレー書きだけを残して帰ったのだが、後日多摩センターのほうの高校に通う友人から、そのスプレー書きが多摩センターを根城にするギャングチームの名前で上書きされていることを知らされた。「ギャ〜ングチーム風情がナメたことしやがって……」。その一報に俺はいきり立った。

〃幸いなことに〃といってよいのかはわからないが、ちょうど周りを通じてそのギャングチームのリーダーの連絡先を入手することが出来たので、すぐに連絡を入れた。

「お前ら、俺らのスプレー書きを消したらしいな」

「はい、消しましたよ。多摩センターは自分たちの地元ですから。地元にスプレー書きをされればそれは消します」

「スプレー書きを消すということは、〝ケンカを買う〟という意味でもあるんだぞ。それをわかっててやったんだな？」

「そう思われるなら仕方ありません」

「じゃあ、やることはひとつだな、覚悟だけはしとけよ」

ギャングチームのリーダーは真島という名で俺より1歳下だった。ただ、そのチームにはケツ持ちがおり、実質すべての決定権を握っているのはその男のようだった。なので俺は、

「面倒くせーから、そいつとも話をさせろ」

と真島に言い、電話を切った。相手の言動から見え隠れするどこか余裕みたいなものは、きっとそのケツ持ちの存在から来ているのではと思ったからだ。「もしそのケツ持ちから叩けれぱ、相手は心の拠り所を失い懐柔しやすくなるかもな」と俺は考え、連絡を待った。すると、思っていたよりも早く電話が鳴った。

「はい」

俺が気怠そうな感じで電話に出ると、相手は開口一番こう言った。

「俺がチームの面倒を見ている真島だけど」

最初は「ん？　真島？」と、自分の耳を疑った。そう、ケツ持ちの男は真島翔といって、リーダーの真島の実の兄だったのだ。年齢は俺よりも４歳上だったが、べらんめぇ口調のせいか実年齢より上に思えた。

「何かかぶれた奴だな。話し方がいちいち痛に障るぜ」それが翔に対して俺が抱いた第一印象だった。その印象は俺が成人した後も変わらない。成人後、当時俺が経営していたバーに翔が来た時、あまりの酒癖の悪さに翔のことを締め上げたことがあった。それくらいナチュラルにオラついた態度をとるのが真島翔という人間だった。

翔は、

「お前たちからケンカを売ってきたんだろ？　こっちは引く理由がない。現役同士とことんやり合えばいい」

と交戦の意思を示してきたので、

「上等だよ、とことんやってやるからな。あとで泣き入れんなよ」

と、こちらもその意思を示した。その俺の啖呵が気に障ったのか翔は、

「それは俺にもケンカを売ってるということか？」

と凄んできたので、

「相手が誰であろうと関係ねぇ。あんたのこともまとめてやってやるよ！」

と返し、電話を切った。

タイマンか乱闘か

そこからすぐに同い年のメンバーを集め、事の経緯を説明するのと同時に、今後の方針を考えた。互いに宣戦布告した以上、もういつ相手チームがアクションを起こしてくるかわからないからだ。

俺の地元である千歳烏山を含めた関東連合の活動拠点である世田谷区や杉並区、そして渋谷区などは相手チームの拠点の多摩センターから離れている。なので俺は、

「地理もよくわかっていない俺たちが再度相手の地元に乗り込んで来るとは考えていないはずだ。だからこっちから動こう。いつも通りだ。守るより攻めるほうが圧倒的に有利だろ」

と提案し、他のメンバーも皆それに同意した。

現役時、時には車に乗って遠征することも。もちろん無免許でだ

俺はすぐに地元の先輩に車を出してもらい、俺を含めた同い年のメンバー4人だけで多摩センターに乗り込むことにした。

運転手の先輩は不良ではない真面目な人。戦力としてはまったく考えていなかったので、もし相手の地元で乱闘にでもなれば苦しい状況になるのは明らかだったが、俺たちには自信しかなかった。関東連合として活動していく上で毎日といってもよいほどケンカに明け暮れ、ゲリラ戦だってお手の物。相手は地域が地域なだけに、ケンカやよそのチームと抗争する機会も少なかったはずだ。その経験の差は大きい。場数が多ければ多いほどこういった時にアドバンテージとなる。

それに、ケンカは人数が多ければいいというわけではない。

もしチームのなかにびくついている者がひとりでもいると、それは全体の士気にも関わる。例えば乱闘時、逃げ出したり命乞いをし出す人間がひとりでもいると、一気に総崩れとなることがある。俺は関東連合での活動を通じて、そういった場面を何度も何度も見てきた。だから人数が多いことが必ずしも正解だと思っておらず、少数精鋭の強味というものをよく理解していた。俺の父も少数精鋭を好んでいたというから、もしかしたらそういった考えを持っていたのかもしれない。

多摩センター方面にある高校に通っていた友人から事前に不良が溜まっている場所をいくつか聞き、俺たちはその夜地元を出発した。想定していた時間内で無事多摩センターに着くと、脇目も振らず事前に調べておいた相手チームの溜まり場のひとつ、ゲームセンターへと向かった。

俺たちが車を停め、電飾看板が煌々と点いているゲームセンターのほうへと歩いていくと、偶然にも店の前に不良っぽい男女が溜まっていた。すぐにそれが相手チームのメンバーだとわかったので俺はその男に近づき、逃げないよう肩を組んだ後、

「よー、俺たちが誰だかわかってるよな？　ちょっとお前付き合えよ」

と言って、乗ってきた車へと連行しようとした。

「もし相手チームのメンバーが見つからなければ、最悪ケツ持ちの連中でもさらえれば」と考えていた俺からすれば、初手でいきなり目的の人間を捕獲出来たのは幸運以外の何ものでもなかった。俺に肩を抱かれた男はすぐに自分の置かれた状況を察したのか、ただただ脅えているようだった。

だが、ここで予想外の出来事が。車まで歩いていると、別方向の道から不良っぽい連中が歩いてきた。しかも2方向から。

「いた！　いた！」

「あそこだ！」

そういった声と共に、気づけば十数人に取り囲まれる状況に。

どうやら拉致しようとした男と一緒にいた女性が、急いで仲間に連絡を入れたようだった。

俺たちは目的の人間だけを捕獲し、女性はそのままその場に放置してきたので、それが徒となった。しかし、ポリシーとして女性に手を出すことは出来ない。結果、それで状況が一変しようと、特に動じることも後悔することもなかった。それは他のメンバーも同じだったようで、俺が隣に立っていたメンバーに、

「捜す手間が省けてちょうどよかったな。ここでまとめて叩いちまおうぜ」

と言うと、

「そうだね、ここで終わらせてしまおう」

と俺の言葉に相槌を打ってきた。俺はぐるっと周りを見渡し、

「ひとり、3、4人ってとこかな」

と、他のメンバーにノルマを伝えた。

その場所では一対多数のセオリー通り壁に背を預けて戦うのは難しかったが、過去の経験からして決して無理な数字ではなかったので焦りというものはまったくなく、逆に醒めすぎているくらい冷静だった。

そして、いざケンカがはじまるその時だった、相手チーム側がざわつきだしたのは。

「来た！　来た！」

「ははっ！　手に何か持ってるよ！」

そのような相手チームのメンバーの喜色を帯びた声と共に、マオカラーのスーツを着た男が大股でこちらへ向かって歩いてきた。その手にはポン刀のようなものも見える。

「乗り込んで来た奴らはどこだ！」

そう怒鳴り声を張り上げる男の登場で、明らかに相手チームの士気が上がったのがわかった。

「この品のない男が翔という人間っぽいな」という俺の予想は的中し、相手は「俺がこいつらのケツ持ちの真島だ」と名乗った後、先頭に立っていた俺に向かって話し掛けてきた。

「こないだも別のチームの人間がうちらの地元に来たから俺が追っ払ってやったんだ。で、石元君たちはどうしたいんだ？」

唐突に尋ねられ、乱闘すること以外頭になかった俺は少し戸惑った。翔という人間は派手な見掛けと違って、そこまで争いを求めているわけではなかったようだった。

「こちらとしてはタイマンでもゴチャマン（乱闘）でもどちらでもいいですよ。ただやるだけですから」

正直なところ、タイマンか乱闘かの選択肢をこちら側に与えてもらえたのはラッキーでしかなかった。タイマンであれば手っ取り早く白黒をつけられ、例えやりすぎてしまったとしても、双方納得した上なので後々治療費を請求されたり事件化するリスクも一気に減るからだ。

ただ、もうここまで盛り上がってきたら興醒めしないようあとは流れに乗るだけ。後先どうとか、損とか得とか抜きに早く相手とやり合って、この高ぶりすぎてしまった気持ちを鎮めたい、それだけだった。

だが、ここから事態は更に予想外の方向に。突然翔が相手チームのメンバーに向かって、

「おい！　お前らのなかで石元君たちみたいにたった4人で相手の地元に乗り込める奴はいるか!?　もしいるなら手を挙げてみろ！」

と大声で問い掛け出した。だが、手を挙げる者は誰もいなかった。

「おい！　どうなんだ!?　誰もいないのか!?　いないんだったらお前らの負けだよ！」

相手チームのメンバーは各々顔を見合わせながら戸惑っている様子だった。まさかこのような展開になるとは思ってもいなかったのだろう。その様子を見て翔は続けてこう言った。

「負けを認めるのなら、この場で頭を下げてもう終わりにしろ」

しばらく沈黙が続いた後、翔のその言葉に従い、相手チームのメンバーが次々と頭を下げ出した。

「勝ち負けはともかく、石元君たちとやり合えば無事では済まないだろう」もしかしたら翔はそう考え、土壇場で自分の後輩たちに対して親心みたいなものが出たのかもしれない。ただそんななか、ひとりだけ頑なに頭を下げない男がいた。相手チームのリーダーであった真島だった。

「お前ひとりで石元君たちとやり合うのか!?　もうお前らの負けなんだよ！」

翔の怒気をふくんだ声に最後は渋々従う形で、真島は悔しそうに頭を下げた。その目には悔し涙さえも見え、「もしやり合っていれば、こいつは最後まで奮闘していただろうな……」と俺に思わせ、同じ男としてシンパシーを感じる部分もあった。

真島が俺たちに頭を下げるのを見届けた後、翔は、

「石元君、これでもういいかな？　納得はしてくれたか？　でも、こいつらの立場も少しは理解してやってほしい。地元にスプレー書きをされたのだから、それはやっぱり腹も立つ。石元君たちだってそうだろ？」

と言ってきた。突然振り上げたこぶしの下ろし所を失った俺は、

「そうですね。真島君が間に入ってこういう形でまとめたんですから、自分としてはもうこれ以上何もないですよ。これで終わりにしましょう」

と言って、一連の出来事に蓋をすることにした。

ヒャックマンによるちゃぶ台返し

ただ、この話にも笑えないオチがあった。

多摩センターからの帰り道中、ある関東連合のOBから連絡が入り、何か用事でもあったのか「今どこにいるんだ?」と聞かれたので、他元まで遠征に出ていることに加え、その日起きたことについて軽く説明をした。その瞬間、それまで穏やかだったその先輩の口調は豹変し、

「はぁ!? お前らそんな終わらせ方で帰って来ようとしているのか!? (相手チームのメンバーを)全員徹底的にシメるか、100万くらいの金を回してこいよ! もしそのまま手ぶらで帰って来たら、お前ら全員ヤキだからな! わかってんだろ!?」

と怒声を上げた後、一方的に電話を切られた。

その先輩は俺より2歳上で、五反田の抗争事件でも体を懸け、少年院まで入っていた人だったので、俺たち現役も先輩として立てていたのだが、さすがにその時ばかりは、「せっかく綺麗な終わらせ方をしたのによ……。ちゃぶ台を引っ繰り返すようなこと言いやがって……」「じゃあテメーでやれよ、そんな金が欲しいなら……」「また相手チームに請求するの

は〝100万〟か……。あの人、100万以外の単位を知らないんじゃやねぇか？」といった声が次々と挙がった。まぁそれは当然だ。

ちなみにその先輩のあだ名は〝ヒャックマン〟だった。

その当時あるテレビ番組で、チャレンジャーがヒャックマンというキャラクターに勝利をしたら100万円の賞金がもらえるという企画をやっていた。そこから、いつも何かある度に「100万請求してこい」「100万作ってこい」と言うその先輩のあだ名は、自然とヒャックマンになっていた。

ヒャックマン先輩との会話後、俺は他のメンバーに翔のところに連絡を入れさせた。もちろん100万円という金額を請求するためにだ。

翔は、「それはさすがにおかしな話じゃないか!? あの場で話は終わっただろ？」「なぜ急にお金の話に？ 石元君の考えなのか、それは？」と、戸惑いを隠そうともせず言っていたようだが、翔に電話をかけたメンバーは、「やっぱり100万を作ってもらう以外、終わらせることは出来ませんね。これはこちら側の総意です」「こっちもこのままでは引くに引けませんから」と素気ない様子で翔に取りつく島を与えなかった。

このままではらちが明かないと考えたのか、翔は、

「じゃあ後は現役同士で話し合ってくれないか？　元々は現役同士の話だし、本人たちが石元君たちに払うというのならもう俺も何も言わないから」

と現役メンバーの真島に丸投げした。その真島は真島で、「さすがに100万なんて大金は……」と困惑するばかりだった。それはそうだ。まだ16～17歳の少年には、親が金持ちでもない限り、すぐにどうこう出来る金額ではない。言っているほうも、そんなことは百も承知だった。なので、「じゃあ何度かに分けて支払います」という真島の提案を受け入れた。

ちなみに、その100万円は受け取ることはなかった。その後関東連合の現役メンバーのほとんどが別件で逮捕されてしまい、うやむやになったからだ。

相手側からすれば九死に一生を得たような感覚だったことだろう。

東京でトップを目指して

関東連合のOBからは、用事以外にもたまに連絡がくることがあった。

例えば自分たちの地元で他のチームやモグリなどが暴走行為をしていたり、見るからに不

良っぽい人間が溜まっていたりするのを見かけると、すぐに現役メンバーに連絡が入るようになっていた。

俺の地元は世田谷区だが、同じ世田谷といっても調布市や三鷹市寄りの地域から三軒茶屋方面までと、その範囲は非常に広い。しかも、関東連合のホームタウンといえば真っ先に挙げられるのは渋谷だろう。その時期は関東連合の他チームである「永福町ブラックエンペラー」や「宮前愚連隊」といった杉並区を拠点にしたチームの現役メンバーもいなかったため、それらの地域も少人数でカバーをしなければならなかった。そこに関しては、少数精鋭のつらいところだ。現役メンバーは誰も仕事をしたり学校に通ったりはしていなかったが、毎日どれだけ忙しく活動をしていたのかをこの説明で理解してもらえることだろう。別にそれをやってお金をもらえるわけでもなければ、逆に下手を打てば簡単に命を落とすことや警察に捕まることだってある。身内である先輩からのヤキも然りだ。冷静になって考えれば、得なことなど何もない。

にもかかわらず、そういった過酷な活動を続けられていたのは、もはや自身の男としてのプライドと、「東京で一番のチームになる。そのために敵対するチームはすべて殲滅する」

といった明確な目標があったからだろう。ただ、その目標を達成するには多くの犠牲を払う必要があった。

今になって思えば、現役時代の俺のマインドはおかしかったと思う。いや、そのようにマインドセットをしなければ、あのような殺伐とした争いの日々を過ごすことが出来なかった。

そして、自分のなかのリミッターを切るために、常に「不良というのはいつ加害者から被害者に変わるかわからない。相手だって死ぬ覚悟を持って不良をやっているはずだ」「今ここで徹底的に叩いておかないと、自分の仲間がいつか逆にやられるかもしれない」という持論を携えて、自己正当化を試みてきた。だからあのような争いばかりの日々にその身を置くことが出来たのだろう。

あの日も1本の電話からはじまった。

電話の主は関東連合のOB。杉並区の環状八号線沿いにあるバイクショップに、パンチパーマの男が4人ほどいるから見に行くよう指示があった。若い男でパンチパーマというと、もはや9割がヤクザか暴走族だ。

俺は至急集まった他の3人のメンバーとそのバイクショップへと向かった。

外にはそれらしいバイクは見当たらない。だが、店内に入るとOBからの情報通りパンチパーマの男が4人いた。外にバイクがなかったのは、車で来ていたからだった。その時点で俺たちより年齢が上なのはわかったが、現役をやっている以上年齢は関係ない。俺が先頭になり問いかけた。

「おい、お前らどこのチームだ?」

「(世田谷の)桜新町の『アーリーキャャッツ』だけど」

「怒羅権」などの友好チームではないことがわかった。

「俺たちは関東連合だ。何が言いたいかはわかるよな? ちょっと付き合えよ」

逃がさないよう相手の車を他のメンバーに運転させ、近くの人がいない高架下まで4人を連行した。その場で乱闘となったのだが、俺たちの勢いに気圧されたのか、相手側は一方的に締め上げられる結果となった。

「お前ら、またこうしてやられたくないのなら、もう暴走族なんかやるんじゃやねぇぞ」

去り際の俺の忠告に、相手の男らは、「はい! わかりました!」と大きな声を上げて返事をした。

青天の霹靂

その日は珍しく、まだ早い時間に関東連合のOBから連絡が入った。

「太一、起きてたか!?」

「はい、どうしたんですか、こんな早い時間に?」

「悪霊のメンバーをさらった件で竹中が今朝警察に捕まった」

「えっ!? 今頃になってですか!?」

「相手をおびき出すのに協力した女が、警察にすべてをうたって（白状して）いたみたいだ」

「警察の任意の取り調べはうまくあしらっていたという話だったのでは?」

「そこはやっぱり女の子だったということだろう。警察に『お前のことも逮捕するぞ』と脅かされ、揺さぶりをかけられれば、そりゃゲロっちまう（自白してしまう）んじゃねぇのか」

「確かにそれはそうですね……。それにしても、テメーらも散々好き放題やっていたのに警察に泣きつくとは……。終わらせ方も代表者同士のタイマンと、綺麗だったのに……」

「それに関しては一体どうなっているのか、相手の代表者に確認を取っている。とにかく今俺たちがすべきことは、ある程度のことがはっきりするまでガラをかわす（逃げる）ことだ。

お前たちは逃げる場所あるのか？」

「それは大丈夫です。自分たちで何とか出来ます」

「それならよかった。次からはお互い安全な携帯で連絡を取り合おう。それまで絶対に捕まるなよ！」

「わかりました。先輩たちも気をつけてください」

まさに青天の霹靂といったニュースだった。もうあの抗争事件のことは俺のなかではすっかり過去のことになっていたからだ。先輩との通話を終えた後、俺はすぐに他のメンバーたちに連絡を入れ、即刻家から出るように命じた。

その日から俺は、人生で初めての逃亡生活へと入った。

でも、自分でも驚くほど焦りや悲壮感といったものはなく、逆にこの期間にゆっくり身体を休めることが出来た。1日も休むことなく、毎日忙しく活動をしていたからだろう。関東連合に加入後、一番ケンカをしなかったのはこの頃かもしれない。

その時期、俺はケイと共に新大久保に住んでいた先輩のところに世話になっていた。

場所が場所だけに、新大久保だけでなく歌舞伎町のほうにもよく出歩いていたのだが、俺たちがいた渋谷とはまた違った刺激がある街だった。

ヤクザや客引き、売人らしき人間、外国人、春を売る女性、夜の仕事をする人たち……いろんな人種の坩堝《るつぼ》だった。渋谷や六本木と違って〝品〟とは無縁の街だったが、どこかギラついていて、活気と欲望が溢れている、そんな街だった。「何だか中毒性のありそうな街だな……」。まだ17歳の少年の目にはそう映った場所だった。

新大久保で遭遇した四谷悪夢

新大久保に住みはじめてすぐの頃、駅前でパンチパーマの連中とすれ違うことがあった。相手は4人組。俺とケイはすぐに顔を見合わせた。

「おいケイ、あいつらどっかのチームの現役じゃねぇのか？　絡みにいこうぜ」

俺のその提案にケイは黙ってうなずき、俺の後に続いてきた。すると、相手側も全員振り返っていて、こちらをうかがうようにして見ていた。

「お前ら現役か？　どこのチームだよ？」

相手に近づき、俺がそう尋ねると、相手の代表者らしき男が口を開いた。

「俺たちは『四谷悪夢』だけど、お前らは？」

「関東連の千歳台（ブラックエンペラー）だ」

好戦的な態度で俺がそう答えると、突然相手は表情を崩した。

「えっ？　関東連なの？　松永重樹君のことわかるでしょ、永福町の。俺たちも重樹君とは交流があってさ」

「じゃあ関東連と絡みがあるのか？」

相手の話を聞き、俺は臨戦態勢を解除した。

「そうなんだよ。ＯＢ同士絡みがあるみたいでさ。ところで、何でそっちはふたりだけで新宿にいるの？」

「サツ（警察）からガラをかわしているんだ。それで今こっちに住んでいて」

「そうなんだ。じゃあこっちで何かあったらいつでも連絡してきてよ。携帯の番号を教えとくから」

その逃亡期間中、悪夢の人間に連絡をすることはなかったのだが、少年院を出院してから

1度だけ連絡をしたことはある。

関東連合の友好チームの怒羅権といっても、実際に関わりがあるのは都内を拠点にしている深川や葛西の怒羅権だけなのだが、俺が関東連合に加入してすぐの頃、OBを通じて府中の怒羅権のメンバーと顔合わせをしたことがあった。その時、連絡先を互いに交換したのだが、その後すぐに俺が警察に逮捕されたことと、携帯のデータが飛んでしまったことが重なり、交流を続けることが叶わなかった。「もし交流を続けることが出来ていたら、もっと効率よく他のチームを殲滅することが出来たかもな」と日頃から考えていた俺は、この機を無駄にしないよう、悪夢のメンバーに連絡を入れることにした。

だが、電話に出た悪夢のメンバーはなぜか俺に対し突然敬語を使ったりしてとてもよそよそしく、何だか警戒しているような様子がうかがえた。そのような態度だったので、「新宿方面の情報をもらったり、こちら側のケンカに協力させるのは難しそうだな」と俺は判断し、悪夢のメンバーと交流するのを諦めた。

それから4年後、人生というのは本当に不思議なもので、当時新大久保の駅前で出会った悪夢のメンバーと友人を通じて再会をすることになった。その時は昔話で盛り上がったのと同時に、俺たちとの交流を避けたことについて延々と文句を言わせてもらった。

1枚の名刺から

逃亡生活続行中のある日、俺とケイが歌舞伎町の飲食店で食事をしていると、同じ店内にいた190センチはあろうかという大きな男性から突然声を掛けられたことがあった。

「おい、兄ちゃんたち、そんななりをしているということは暴走族か？　どこのチームだ？」

その人は俺よりも一回りくらい歳上で、見るからにその筋とわかるような出で立ちをしていた。

「関東連の千歳台です」

俺は訝しがりながら答えた。

「そうか！　千歳台か！　名前は何て言うんだ？」

「石元です」

「石元か……覚えておくよ。頑張れよな」

「はい、ありがとうございます……で、あなたは一体どこの方なんですか？」

「俺か？　俺はこういう者だからよ。何かあったらいつでも頼ってこいよ」

そう言って俺に名刺を渡してきた。

受け取った名刺に目をやると、代紋入り。俺の予想通り、相手はその稼業の人間だった。

もちろんその後、俺からその人に連絡をすることはなく、それっきり。この日のことはすぐに頭の片隅へと追いやられた。

だが、人生というのは不思議なことばかり起きるものだ。それから10年以上の月日が流れた後、その人と再び交錯することになる。

知り合いに誘われ、六本木で開かれた有名人が多く参加していたあるイベントに顔を出した時のことだ。

そのイベントには行儀の悪い連中も来ていたので、俺が取っ捕まえてクンロクを入れていたら、一目でヤクザとわかる連中が俺のテーブルまで来て、対面の席にドカッと腰を下ろしてきた。そのあまりに横柄な態度に頭に来た俺は、席を立ち、「誰だテメーら!?」と詰め寄った。だが相手の名前を聞いて驚いた。歌舞伎町の飲食店で名刺をくれたその人だったからだ。

相手も俺のことを覚えてくれていたみたいですぐに意気投合。打ち解けた様子で話をしていると、主催者の岸という人間がニコニコしながらやってきて、「ふたりは知り合いなんじゃないかなと思って、来てもらったんだよね」と言った。だが、そんなわけがない。それは明らかな嘘だった。

おそらく会場のど真ん中で俺が行儀の悪い連中にクンロクを入れていたので、岸は「イベントが潰される」と危惧し慌ててケツモチの人間に連絡をしたのだろう。俺を大人しくさせるために。岸は何かあるとすぐに周りに頼るところがあったので、その予想はおそらく間違ってはいない。しかし、俺は偶然ケツモチの人間と顔見知りだった。岸からすれば、まったく笑えない結末だったはずだ。

間違い電話の振り

逃亡生活をはじめてまだ1カ月経たない段階で、メンバーのひとりが逮捕された。

おそらく「毎日警察が張り込んでいるわけではないはず」と高をくくっていたのだろう。荷物でも取りたかったのか、久し振りに実家に帰宅したところを御用となった。その一報を聞き俺たちは、「捜査本部を設置しただけあって、警察もかなり本腰を入れて捜査しているな」

とさらに警戒心を強めた。

他にも、恋人の家に匿ってもらっていた先輩も逮捕されたという一報が入る。その恋人の親が娘の彼氏が警察から逃げている身だということを知り、通報したという。その話を聞いてからは、「一体いつまでこの生活を続ければよいのか……」「次に逮捕されるのは誰になるのか……」といった声がメンバー内から上がっていた。

そのようななか、次に警察に逮捕されることとなったのは俺とケイだった。

ある時、シャワーを終えた俺が部屋に戻ると、ケイが携帯を手に何度も首をひねっていた。

「首なんかひねって一体どうしたんだ？」

まだ濡れていた髪を拭きながら俺がそう尋ねると、ケイは携帯の画面を見つめたまま、

「いや、（一番上の）兄貴から連絡が入っていたから今折り返してみたのだけど、電話に出た兄貴が『間違い電話じゃないんですか？』と言って2度も一方的に電話を切ったんだ。電話番号を間違って登録をしていたなんて有り得ないことだし、そもそも相手の声は兄貴だし……どう思う？」

と逆に質問をしてきた。

「何か気まずい場面だったのか、それとも酒にでも酔ってお前のことをからかっているのか……そのどちらかじゃないのか？」

「そうなのかな……でも、もう1度だけかけ直してみようかな……。何か緊急の用事だったら嫌だし」

「おい、もし気まずい場面だったらどうすんだって？　後で神楽君に怒られるんじゃねぇのか？」

だがケイはすでに電話をかけ直していた。俺の予想が当たっているとも知らずに……。

問題なく電話はつながったようだが、俺の隣でケイは突然電話口に向かって敬語を使い出した。

「ん……？　何でこいつ自分の兄貴に敬語を使って話してんだ？」と俺が心のなかで抱いた疑問はすぐに解消された。通話を終えたケイはこう言ってきた。

「電話に兄貴じゃなくて兄貴の（所属している）組の組長が出て、『おお、お前が弟の敬蔵か？ちょっと話があるから今から事務所まで来い！』と言われたんだけど……」

「ふーん、呼ばれたなら行ってくればいいじゃねぇか。でも、俺が言った通りだったな。組長と一緒だったということは、お前の兄貴にとっては話しづらい状況だったということだろ。じゃなきゃ間違い電話の振りなんかしないよな？　お前も空気を読まない奴だよね」

「申し訳ないいんだけど、兄貴のところに行くの、付き合ってくれない？」

「俺も？」

「うん、太一も一緒に来てくれたら有り難いんだけど……」

「どこまで？」

「浅草」

「今から浅草まで行くのかよ!?」

「ごめん、面倒くさいと思うけど浅草まで付き合ってほしい」

「……ったく、仕方ねぇな。わかったよ、俺も付き合ってやるよ」

俺は「逃亡生活中という状況でケイをひとりで行かせるのも酷かな……」と思い、付き合ってあげることにした。それに、「久し振りに浅草の街並を見るのも悪くないか」とも思った。

シャバで最後の夜

ケイの兄貴の神楽君から教えられたマンションに着くと、神楽君が下まで出迎えに来てくれた。そして開口一番、

「ケイ！　お前も本当に余計なことをしてくれたな！　オヤジ（組長）が『お前の弟、警察から逃げているなら1度俺のところに連れて来い！』としつこく言ってきていたから、『それが弟とは今連絡が取れなくて……』と言ってずっとごまかしてきていたのに……。2度も一方的に電話を切ったんだからお前も気づけよ！」

と言ってケイのことを叱り飛ばした。俺が予想していた通りの展開。ケイは俺の隣でばつの悪そうな表情を浮かべていた。

俺とケイが事務所に入ると、リビングのソファーに50代くらいの男が踏ん反り返って座っていたので、一目でそれが組長なのだとわかった。

その人に向かって「失礼します」と言って軽く頭を下げると、ソファーに座るその人は、

「おう、よく来たな！　お前が神楽の弟の敬蔵か？　それとそっちは敬蔵の友だちか？　ふ

たり共いい面構えをしてんじゃねぇか！　事件を起こして警察から逃げてるんだろ？」

とまくし立てるように話しかけてきた。それに対し俺とケイが、「はい」とだけ返事をする。

すると組長は間髪を入れず、

「いつまでも逃げていても意味がないだろ？　今から出頭しろ。で、出てきたら俺がお前たちのことを男にしてやるからうちの組に来い。わかったな？」

と言った後、突然警察に電話をかけ出した。

すでにその日は遅い時刻だったため、警察も朝一番に事務所まで迎えに来るとのことだったらしいのだが、俺とケイからしたらあまりに矢継ぎ早に起こる出来事にただただ言葉を失うばかりだった。はっと我に返った俺は、ひとり満足そうに笑顔を浮かべている組長に向かって、

「何勝手に決めてるんですか!?　自分はあなたの言うことに従うつもりはありませんから！」

と言い放ち、ケイに「さっさとここから帰るぞ！」と一緒に席を立つよう促した。

神楽君の立場を考えれば憚られるべき言葉だったと思うが、俺たちの意思も関係なく勝手

に話を進め、あわよくば自分の組織の組員にまでしようとするその厚かましさに怒りの感情が先立った。

まさかの若僧からの反論に、組長は一瞬沈黙したが、すぐに怒り狂い出した。

「何を言ってんだ、このクソガキ！　わがまま言ってんじゃやねぇ！　朝まで待たず今から警察に突き出してやろうか！」

人が逃亡中の身というのをいいことに、「一体どっちがわがままを言っているんだ」と思った俺は、すぐ様言い返そうとしたが、組長の隣に立つ神楽君がすごく気まずそうな顔をしているのに気づき、とりあえずその場ではそれ以上の反論を控えた。

そんな俺の態度に組長は満足したのか、突然声のトーンを変え、

「わかればいいんだよ、わかればいい！　でも、お前もいい根性をしているな。名前は何と言うんだ？」

と尋ねてきた。

「石元です」

「何だお前！　ヤクザみたいな名前をしているじゃないか!?　うち（組織）のボスの兄弟分

に同じ石元という名前の親分がいたのだけど、この浅草に事務所があってな……。そりゃ有名な親分だったよ」

それに対し俺はぶっきら棒に「そうですか……」とだけ答えた。

ひとり回想にふける組長をよそに、俺は「それは自分の父のことです」と言うこともなくただ黙っていた。もちろんケイも神楽君も俺の父がヤクザの親分だったということは知らないので、単なる雑談だと思い、聞き流しているようだった。

そんなやり取りの後、組長が用事で席を立った。

部屋に残った俺に神楽君は、「突然こんなことになってしまい申し訳ない……。こうなることが予想出来たから、『弟とは連絡が取れない』と言っていたのだけど……。ケイも本当に余計なことをしてくれたものだよ。でも、こうなってしまった以上、もう出頭する腹積もりでいてほしい。もしこの場から何も言わず去られてしまったら、俺の立場がないから……。そこはどうか理解してほしい」

と詫びと共に理解を求めてきた。

母のことが心配だったこともあり、元々「どこかのタイミングで先輩たちのことを説得して先に出頭しよう」と俺は考えていたので、ただ単に出頭する時期が少し早まっただけとも言えた。その組長の言う通りに行動しなければならないのは正直癪に障ったが、今更じたばたする気もなく、自分でも驚くほど気持ちは落ち着いていた。

もう自分の頭のなかには出頭するにあたっての準備のことしかなかった。神楽君に「明日の出頭に備えて日用品や着替えなどを買っておきたいのですが、それくらいは出掛けても咎められないですよね、まさか」と笑いながら尋ねると、神楽君は「そうだね。じゃあそのついでに3人で食事にでも行こう」と提案してくれた。神楽君は申し訳なさもあってか、俺とケイに最後の晩餐として焼き肉をごちそうしてくれた。

買い物と食事を終え事務所に戻ると、俺とケイは事務所のリビングに連なっている和室に布団を敷き、寝る準備を進めた。その後俺は携帯を手に取り、画面を見つめながら少し考え込んだ後、発信ボタンを押した。

俺が電話をかけた相手はその当時付き合っていた彼女だった。もし俺が「明日の朝、出頭することにした」と彼女に伝えたら、彼女は最後に一目だけでも会おうと、浅草まで来てしまうかもしれない。夜遅くに危ないことをさせるのは気が引けたし、もし少しの外出も認められなかったら事務所内で会うしかない。彼女にヤクザの事務所の敷居をまたがせるのにはすごく抵抗があったので、結果、彼女には明日出頭することを伏せた。何の他愛もない話をした後、俺は最後に詫びた。

「いつもいろいろと迷惑をかけてごめんな……彼氏らしいこともお前に何もしてやれてないし……」

「ホントにその通りだよ！」

と笑って返してくるかと思いきや、普段と違ってしおらしいことを言う俺に驚いたのか、突然電話越しに彼女のすすり泣く声が聞こえてきた。勘がいい彼女だったので、もしかしたら「これから何かあるのかも……」と察したのかもしれない。その時ばかりは、「好きな女ひとり笑顔に……幸せに出来ないで何が関東連合だ……」と自分自身を恥じた。

彼女との通話を終えた後、今度は同世代の他の関東連合のメンバーに電話をかけた。急遽出頭する運びとなったことを伝え、チームの後を任すのと共に、彼女のことを頼んだ。

「今回はさすがに〝少年院送致〟となってしばらくの間帰って来ることが出来ないと思うから、その間彼女に何かあった時には俺の代わりに助けになってあげてほしい」

「わかったよ。俺に出来ることが何かあれば、彼女を通じてでもいいから、いつでも言ってきて」

これで後顧の憂いはなくなった。

出頭

明け方、事務所内で寝ていると、

「わかってんのか!?　コラッ！」

「はい！　すいません！」

という怒声と打撃音がすぐ隣のリビングから聞こえてきて目が覚めた。声の感じから、それが組長と神楽君の声だとすぐにわかった。俺が目を覚ましてからすぐに組長は事務所から出て、自宅として借りている同じマンションの別の部屋に戻っていった。

「神楽君……大丈夫ですか？」

顔をさすっている神楽君に俺がそう声をかけると、神楽君は苦笑いを浮かべた後、

「あの組長、おっかないだろ？　いつもあんな感じですごく気が短いんだよ」

その後、朝食として買ってきたお弁当を神楽君を含めた3人で食べていると、再び組長が事務所にやってきて、自身の定位置であるひとり掛けのソファーにどかっと腰を下ろした。

そして、自身の右手に持っていたスラッパーのような護身具を俺たちに見せた後、

「これでよ、いつも神楽に気合を入れてやってるんだ」

と言って、今度はそれで自分の左手の掌をバシッバシッと2、3回叩いてみせた。

その話を聞いて俺は感心するわけもなく、逆に「笑い方もすることもまったく品がない人だな」と思い、強い嫌悪感を抱いた。

俺が少年院を出院した後、誰から聞いたのか神楽君から、「太一はあの石元会の親分の息子だったの!?」と言われ、つづけて「何だよ、早く言ってくれればいいのに！　うちの親分もますます気に入ったみたいで、『あいつのことを男にしてやるから、少年院から出たらすぐに俺のところへ連れて来い！』なんて言っているよ。だから1度でいいから顔を出せないか？」と言われた時には、「結構です。もう顔も見たくありません」と丁重に、そしてはっきりと断った。

俺はヤクザに囲まれて育ったからか、ヤクザに対し抵抗感も偏見もまったくない。むしろ

逆に、ある種の尊敬の念さえ抱いているが、それは義侠心や自己犠牲精神に溢れた昔気質なヤクザに対してだけだ。

過去に俺が東京湾岸警察署や東京拘置所で一緒に生活をさせていただいた稲川会の内堀和也会長や道仁会の小林哲治四代目会長はまさにそういった方たちで、人として尊敬し、多大な影響を受けた。内堀会長は警察官でもある留置場の担当者たちに、小林四代目会長は世捨て人同然の死刑囚にさえ大きな影響を与える方だった。

だが、神楽君の組の組長に対してはまったく逆で、嫌悪感しか抱かなかった。

下品なヤクザなど、ヤクザ云々の前に人としてどうかと思う。神楽君にも伝えた通り、その組長に対しては「2度と面も見たくない」とまで思った。

朝食後少し時間を置いて、警視庁の刑事たちが事務所へとやってきた。「石元太一だな?」と簡単な本人確認をした後、刑事のひとりがカバンのなかから逮捕状を取り出し、目の前に掲げてきた。

俺は組長ではなくあえて神楽君にだけ「いろいろ有り難うございました」と挨拶をし、事務所を出た。外の通り沿いには何台かの車が停車していて、俺とケイは別々のワゴン車に乗せられ、捜査本部がある警視庁光が丘署へと向かった。そこで勾留をするための手続きを終えた後、勾留先の警察署に移動することになった。光が丘署には先に逮捕されていた竹中君がすでに勾留されていたからだ。

俺の勾留先は中野区にある野方署。近くに警察学校があるからか、時に留置場内にもその活気が伝播してきた。その度に俺は「少年院のなかもそのように活気溢れる場所なのだろうか……」と、ひとり想像をふくらませていた。留置場の担当さんにも、「警察学校というのはどのようなところなのですか?」と尋ねたりもしたが、よほどいい思い出がないのか、どの担当さんも、『もう1度警察学校に行け』と言われたら、警察を辞めるよ」「畳んだ布団の角が揃っていないだけで、毎回すべて引っくり返されたなぁ」なんてことを口を揃えて言っていた。時には笑いながら話していたので、「少し大げさに言っているのでは……」と思うこともあったが、取り調べに立ち会っていた若い刑事も言うことがまったく同じだったので、おそらく本当の話なのだろう。

ある調査官の言葉

20日間の勾留期間を終え、俺は再び東京練馬鑑別所に入所することになった。
鑑別所では平日の午前中、希望者のみ体育館で行われる1時間のサーキットトレーニングに参加することが出来るのだが、その場で久し振りに共犯者である仲間たちの顔を見ることが出来た。

皆が活き活きとした表情を浮かべ、誰ひとりとして落ち込んだ様子の者はいなかった。それは、「俺たちはやられたことをそのままやり返しただけ」「仲間を守るためにやったんだ」という誇りを皆、心のどこかに持っていたからではないか。ただ、やりすぎてしまったことに対しては自省していたのか、先輩たちが主導で被害者に対し慰謝料を支払い、和解しようという動きがあった。その話を知った時、「俺もこれから少年院に行くことになるのなら、そういったことをきちんと清算した上で少年院での生活に励みたい」という考えに至ったので、その輪に加えてもらい、被害者と和解をすることにした。今でもそれは正しい判断だったと思っている。

前述した通り、鑑別所に入所すると、どの少年も家庭裁判所から来る調査官との面接が何度かある。俺の担当調査官は前回入所した時と同じ人で、再び関東連合絡みで俺が事件を起こし逮捕されたことに、「やっぱり関東連合は足抜けさせるのが難しい……」と大変ショックを受けていた。しかし、俺が大阪に行っている間ずっと文通を続け俺の性格をわかってくれていたからか、その調査官は「少年院に行っても悪くなるだけかもしれない。君の場合は少年院ではなく、また試験観察でどこか地方に住み込みで働いたほうがいい」と言ってくれていた。だが、裁判所の判断は〝短期少年院送致（短期少年院送致は半年間程度少年院に入院させられる処分）〟というものだった。

俺からすれば「1年程度は少年院に入ることになるだろう」と考えていたので、その処分でも「恩情のある判断をしていただけた」と思ったが、調査官は残念そうな表情を浮かべ、少年審判（裁判）中、時折長い時間目を閉じていた。そんな調査官の顔を見ると何だかすごく申し訳なくて胸が痛んだ。

審判後、すぐに俺のところへと駆け寄ってきてくれ、「頑張って！」と肩に手を置きながら言ってくれた。その一言にいろいろな想いが込められているのがわかり、俺は今度は有り難さで胸が苦しくなった。

その後、少年院のなかで何か壁にぶつかる度に、その言葉と調査官の顔を思い浮かべた。

水府学院

審判を終えて俺が移送されることになったのは、茨城県にある水府学院という少年院だった。

入院した最初の1週間は、〝考査期間〟として入浴時間以外一歩も独居房の外に出ることなく、ひたすら課題作文に取り組まなければならなかった。

そんななか、驚いたことがあった。それは強制的に家族宛の手紙を書かされたことだ。しかも、見本となる文面を渡され、そのまま書き写せという。内容は確か「とても綺麗な施設です」「安心してください」などといったものだった。自分の言葉ではない手紙を強制的に書かせる……。さすがにそれは家族を騙すことと同義ではないかと思った俺は、職員に手紙を書くなら自分の言葉で綴りたいと伝えると、「いいんだよ、ここには〝家族〟という漢字も書けない奴も入ってくるのだから」と言われた。その言葉を聞いた時は、「この先もそういった理解に苦しむことを強要されるのだろうか……」と戸惑いを感じずにはいられなかった。

俺は少年院というところに対し、マンガを通じて得たようなイメージを抱いていた。しかし実際の少年院はそういったイメージとはかけ離れていて、他の院生に対し粉をかけたり違反行為をしようものなら、即職員に密告をされるといった〝相互監視社会〟だった。監視をする側からすれば、これほど好都合なことはないだろう。院生たちを〝自己家畜化〟してしまえば、監視者不要のローコストで集団を動かすことが出来る。だから施設側も、積極的に密告をする院生に対して〝好成績〟という報奨を与えていた。

俺はそういった環境に違和感も感じれば自分のポリシーにも反していたので、毎日提出を義務付けられていた日記にも他の院生の評価を落とすようなことは一切書かず、毎週行なわれる集会でも他の院生の評価が上がるような発言しかしないよう心掛けた。だからか他の院生たちから信頼され、俺自身何か言われることもなく平穏無事な少年院生活を送ることが出来た。

ただそんななか、1度だけ面倒なことに巻き込まれたことはあった。

まだ俺が入院間もない頃、新入時訓練に参加していた時にそれは起きた。

ある日の行動訓練（行進や駆け足連呼歩調などの訓練）開始時、突然臨時で来ていた職員が、「俺が前回付いた（担当した）時、お前ら普段より声が出ていなかっただろ？　どうなんだ？　お前らは人を見て手を抜いたりしているのか？……」と言い出した。その瞬間、俺は「まさか……」と思ったのだが、本当にそのまさかだった。実際は前回の訓練時も誰ひとりとして手を抜くことなく取り組んでいたのだが、別の寮の院生がご機嫌取りのためか自身の日記に、「皆普段より声が出ていなかった気がする」と優等生ぶったことを書いていたという。そのことを職員の口から伝えられた時、誰もが「また余計なことを書きやがって……」と思ったに違いない。

事実、俺はそう思った。そのおかげで、その日は普段よりも遥かに厳しい訓練が課された。まず、立った状態でかかとを上げ、両手を前に伸ばして肩と同じ高さまで上げさせられた。その体勢で自分の限界までキープしなければならなかったのだが、苦悶の表情を浮かべる院生が続出した。そしてその後は、異常な回数の腕立て伏せやスクワットが待っていたのだが、俺は体を鍛えるのが趣味みたいなものだったので、行動訓練を行なうよりはそういった体罰じみたことでも腕立て伏せやスクワットなどをひたすらやらされているほうがよっぽど有り難かった。異常な回数を課されても、もはやそれはご褒美とさえいえた。やはり何事も受け取り方次第だ。

少年院での生活を通じて得たこと

そのような少年院の生活のなかで、学べてよかったと思えることもあった。

少年院に入院をすると、刑務所でいう〝刑務作業〟に該当する〝職業訓練〟という時間を課せられるのだが、俺は水府学院に入院中、陶芸と農業を体験することが出来た。特に農業からは学ぶことや気づかされることが多々あった。肥料作りは重労働の上、匂いがきつかったりもしたが、自分たちが育てた野菜の収穫は感動的で楽しい作業だった。

当時の俺は偏食がひどかったのだが、水府学院では食事の好き嫌いが許されておらず、どうしても残したい場合は職員から許可を得なければならなかった。おかげで俺の偏食は大分改善されたのだが、それでも野菜や果物を好んでまで食べたいという気持ちが芽生えることはなかった。

でも、農業に携わってからは野菜を食べて「おいしい！」と感じるようになった。特に自分で収穫をした野菜は別格で、収穫したばかりのじゃがいも、なす、ピーマン、きゅうりなどが食事で出ると、不思議とテンションが上がった。1度、収穫したばかりのミニトマトをその場で食べさせてもらったことがあったのだが、俺が一番嫌いな野菜であったトマトでさえも、「これなら全然食べられるな」と思った。自分自身が関わったという事実が、味覚だけでなく価値観をも変化させたのかもしれない。

恩師からの嬉しい言葉

少年院に入院をすると、院生一人ひとりに担任の職員が付く。

その職員が院生に成績を付けたり更生に向けた改善指導を行なったりするのだが、俺の担任が病気で2カ月間ほど入院をすることになったため、その間小谷先生という別の職員が担任をしてくれることになった。

小谷先生はなぜか俺のことを以前からよく目にかけてくれていた。なので、代わりの担任が小谷先生だとわかった時は嬉しかった。

それまでの担任とは違って仕事熱心で、よく面接時間を設けては「何か悩んでいることや、困っていることはないか?」と言って親身になって接してくれた。それだけではない。

俺の出院日当日の朝、出院式に出席するため居室でひとり待機をしていると、小谷先生が突然現れ、「昨日石元の夢を見たよ。長いことこの仕事をしているけど、こんなことは初めてだ。社会に戻っても頑張ってな!」と満面の笑みで声を掛けてくれた。

その時は元の担任が職場復帰をしていて小谷先生はもう俺の担任ではなかったのだが、門出の日にそのような言葉を掛けに来てくれたことが嬉しくて、嬉しくて……。思わず目頭が熱くなってしまった。

水府学院を出院してから長い間付き合いをしていた同窓生がふたりいたのだが、小谷先生も含めたそういった出会いがあったことは俺の財産になった。

5章　総長就任

現役続行 or ……

俺が少年院から出院すると、すでに同じ事件で逮捕されていた同期のふたりのメンバーも社会復帰していた。しかしふたり共、現役活動を続けないという。

「何でだ？　一生『アイツは関東連をバックレた』なんて言われ続けるんだぞ」

「じゃあ、一体何のために体まで張ったんだよ？　〝仲間を守りたい〟って気持ちと、〝男を上げたい〟って気持ちがあったからだろ？　今バックレたら今日までのことはすべて無駄になるんだぞ？」

そんな俺の言葉に対し、ひとりのメンバーは「実は俺、少年院のなかで教科生として（職業訓練ではなく）ずっと勉強をさせてもらっていたんだ。だからその努力を無駄にしないためにも、大学に行って教員になろうかと思っている」と答えた。自分の将来のことを考えたとても前向きな言葉に、もうそれ以上引き止める理由はなく、むしろ応援したい気持ちに俺は駆られた。大切な仲間の門出だ。そうなるのが当然というものだ。

一方で共に警察に出頭した中学時代からの連れのケイは、本人に現役活動を続ける気はあったのだが、兄貴である神楽君から続けることを止められていると言った。

関東連合に所属し続ければ揉め事や争いの日々だ。警察の世話になることも決して避けられない。

弟想いの神楽君は、ケイがまた捕まって少年院に送られてしまうことが心底嫌だったのだろう。そう言われると俺も無理強いすることは出来ない。

「他のメンバーが全員社会不在なのだから仕方ない。ひとりで現役を続けよう。以前のようなゲリラ戦みたいな活動は出来なくても、ひとりなりの活動の仕方もあるだろう」と俺が決意を固めたことを、その当時慕っていた原島篤という5歳上の地元の先輩に伝えると、「さすがにひとりで関東連の活動を続けるのはきついだろ、太一。ちょっと神楽君は過保護なんじゃやないか。ケイ本人に続ける気はあるのだし。何だったら俺から神楽君に伝えてみるよ」と言って、実際にすぐに神楽君に連絡を入れてくれた。

「ケイのこと、もう捕まらせたくないから現役をやらせたくないみたいですけど、神楽君的にはいいんですか？　弟が『バックレだ』なんて言われ続けても」

そんな篤の言葉に対し神楽君は、「それは嫌だけど、ケイには本当にもう捕まってほしくないんだ」という自身の率直な気持ちを吐露したそうだが、やはり同じ不良の世界で生きてきた者として〝バックレ〟という言葉だけはどうしても引っ掛かったようだ。自然と拒絶反応が出てしまったのだろう。最終的には「篤が極力捕まることのないように目をかけてくれるなら」という条件付きで、ケイは現役続行の許可を得ることが出来た。ケイは篤に深く感謝をしていた。

関東連合一の運転技術と足の速さ

もう少しケイという男のことにも触れておきたい。

ケイはのん気と言っていいほどマイペースで、感情の起伏もほとんどなかった。痛覚さえも持ち合わせているのか……正直それも怪しいほど。なぜなら、先輩からヤキを入れられても痛がっているところを見たことがないからだ。また、頭のほうもすこぶる鈍かったのだが、その分、身体能力に関してはまるで野生の猿のようだった。

後に関東連合には多くの後輩が加入することになるのだが、10代の頃のケイの足の速さにはメンバーの誰もが敵わなかった。

このようなこともあった。

バイクで走行中に敵対しているチームの人間と遭遇した時、俺たちは襲撃を仕掛けて相手のバイクを転倒させたことがあった。しかし命のほうが大事と考えたのか、相手はバイクを捨て、ものすごいスピードで住宅街へと逃げ出した。何人かの後輩たちがバイクから降りてその背を追ったのだが、

「すみません！　見失ってしまいました！」

と息を切らしながら申し訳なさそうに戻ってきた。

が、その直後、ケイが逃げた相手をしっかり捕獲して戻ってきた。ケイのあまりの機敏さに皆、ただただ驚くばかりだった。

他にもケイは特殊能力を持っていた。それは運転技術だ。無免許のくせにバイクにしろ車にしろ、仲間内で頭ふたつくらい飛び抜けてうまかった。柴田も「仲間内で一番運転がうまいのでは」と言われていたが、どちらの後ろにも乗ったことがある俺が断言する。一番うまいのは間違いなくケイだ。

前述したゼロヨン会場でのこと。単車でレースに参加したケイは、ゴール直前に前方を走っ

ていたトラックに追いついてしまい、減速が間に合わず事故を起こしてしまいそうになった。だがケイは、減速を諦めてトラックとガードレールのわずかな隙間に単車をすべり込ませ、無事にトラックを追い越すことに成功した。少しでも怖じ気づいてハンドル操作を誤っていれば大惨事になっていただけに、ケイの運転技術と逆にアクセルを開けるといった思い切った判断に皆から感嘆と安堵の声が上がっていた。

我慢ならなかった関東連合のＯＢ

ケイが神楽君からまだ現役続行の許可を得る前、昔からお世話になっていた女性の先輩から「無事に出てきたのなら久し振りに会おう！」と誘われ、俺がひとりで待ち合わせ場所に行くと、懐かしい面々のなかに同じ千歳台ブラックエンペラーに所属していた大西という2歳上のＯＢがいた。俺が16代目だったので、大西はその1代上の15代目総長という立場の人間だった。

「おい！　テメー大西じゃねぇか！　よく俺の前に現れたな！」

俺は大西の姿を見るなり、食って掛かった。突然の俺の行動に周りは皆驚いていたが、「関東連合内の問題だから……」と言って止めに入るようなことはせず、少し離れた場所で静観してくれていた。

互いにつかみ合った後、俺は力任せに大西のことを突き飛ばし殴りつけると、こう吐き捨てるように言った。

「今更のこのこと面《ツラ》出して粋がってんじゃやねぇよ！　テメーが顔を出さない間、俺たちがどれだけ大変な思いをしていたかわかってんのか!?　お前の同世代のメンバーは皆それでパクられてんだよ！」

大西は柴田が音頭を取って起こした五反田での抗争事件に参加し、相手メンバーのことをナイフで刺した件で小田原少年院に入院していたのだが、俺が東京連合や山谷連合と抗争を開始した頃にはすでに社会復帰していた。大西は同世代のメンバーが抗争の渦中に巻き込まれていたにもかかわらず誰とも連絡を取らないようにして、頬被りを押し通していた。だが俺が少年院から社会復帰すると、誰もいないことをいいことに地元でかなり幅を利かせていたようで、俺の友人もパシリのように使われていた。

その話を聞いた時は、「1度大西とは白黒ハッキリさせないとな……」と思い、内に煮えたぎるものがあった。

本来であれば大西は関東連合の先輩、しかも直上となるので立てるべき存在ではあったが、過去に世話になったこともなければ、仲間のために立ち上がらなかった人間だ。「他の誰かから生意気だと思われようが関係ない。あの抗争事件で捕まった先輩たちの気持ちを考えれば、俺のやるべきことはひとつだ」という考えでそういった行動に出た。

大西は俺の言葉で自分の過ちに気付いたのか、「俺が悪かった……仲間に対して申し訳ない……」といった言葉を何度も口にした。

「じゃあ他の先輩たちが無事に社会復帰するまで、俺と一緒にもう1度現役をやり直せ」

俺がそう言うと、大西もふたつ返事で了承した。それ以外、大西に選択の余地がなかったというのが本音だとは思うが。

が、それから1カ月もしないうちに大西は音信不通になった。それは今現在まで続く。

関東連合の現役活動がどれほど過酷なものであるか当然本人はわかっていたと思うので、その場では俺の手前勢いで了承したものの、ひとりになって熟考を重ねた結果、「もうあんな殺伐とした日々には戻りたくない……」という結論に至ったのかもしれない。

その気持ちはわからなくもないが、結局〝飛び癖〟がある人間は何度でも飛ぶということなのだろう。この件を機に、俺は千歳台ブラックエンペラーの16代目総長として先輩たちから認められ、活動していくこととなる。

こんな奴のために俺は……

大西に対する悪感情は、大西が俺の友人をパシリのように扱っていたことも理由のひとつだったのだが、後にその友人からも裏切られていたことを俺は知った。

それは俺が警察に逮捕されて社会不在となっている時のことだ。

その友人が当時俺と付き合っていた彼女のことを呼び出してカラオケに連れて行き、お酒を飲むよう強要したことがあった。男がふたりに彼女ひとりのシチュエーションで、だ。

彼女からすればふたりとも俺の友人なので無下にもできなければ、安心していた部分もあったことだろう。そんな彼女の気持ちを逆手にとってのことだ。よりタチが悪いと思ったし、「酒を飲ませてあわよくば……」という邪《よこしま》な考えがダダ漏れしていた。

その件を社会復帰後に別の友人から聞かされた俺は、すぐにその友人の家へと向かった。

電話で「今、家の前にいるんだけど、ちょっと出てきてくれ。大事な話がある」と伝えると、友人はまったく警戒していなかったのか、部屋着のまま外に出てきた。俺は有無を言わさず友人を殴り倒し、自分が乗ってきた車のトランクにその身柄を詰め込んだ。そしてそのまま彼女のいるところへと向かい、「お前に酒を飲ませたの、こいつだろ?」と言って、彼女の前で車のトランクを開けた。トランクのなかで脅えるように縮こまっている友人の姿を見て、彼女はただただ絶句していた。

そんな心臓に悪いことは本来すべきではなかった。だが「本人が悪さした分だけの制裁はきっちりしておいた」と、彼女に対して示しておきたかった。また、「友達が逮捕されて施設のなかで頑張って生活している時にそんなことをする奴は友達などではない」という気持ちはもちろんのこと、友人だと思っていた人間に裏切られたという事実に怒り心頭だったというのもある。だがそれ以上に、「こんな奴のためにも俺は大西に怒ったのか……」と思うと、何だかとても虚しい気持ちになり、その日の俺はやるせなさが募るばかりだった。

新規加入のメンバーたち

ケイの現役続行が決まった直後、隣の中学校出身の後輩たちから突然俺のところに連絡が入った。

「全員でいろいろと考えた結果、関東連合をやらせてもらえないかと思って太一君に連絡をさせてもらいました」

その連絡を受ける数日前、小学校時代の後輩から「自分たちの友人が（関東連合の）小次郎のOBにさらわれたかもしれないんです！」という連絡が入り、俺は助けてあげようとひとりですぐにその場に駆け付けたことがあった。幸い暴行を受けることもなくその後輩の友人は解放されていたのだが、その時俺と接したことを機に、仲間内で関東連合に加入する、しないを話し合ったようだ。きっと「こういったことがまたあった時、自分たちの力だけで解決したい」とでも考えたのではないだろうか。俺が少年院に入院する前から「隣の中学出身でヤンチャな連中がいる」という噂は聞いていたので、ケンカの出来そうな人材が加入してくれることは、俺としては大歓迎だった。

だが、関東連合というのは厳しい決まり事ばかりで、多くの人が想像する暴走族とはまるで形態が違う。

何といっても、暴走行為よりケンカが主だ。

変な期待を抱いたまま加入しても、その期待と現実の落差に心がやられて、すぐに逃げ出してしまうことも考えられる。なので、はじめにその辺りのことはきっちり言い含め、「遊びのような気持ちならやるな」と、ふるいにかけた。

それでも「やらせてください！」と言ってきた後輩は4人いた。俺の1歳下と、2歳下の人間がふたりずつだったのだが、リーダーシップを発揮して後輩たちを仕切っていたのは澤美という2歳下の後輩だった。澤美は俺に似てケンカっ早い人間だったので気が合った。

関東連合の後輩のなかで、俺が一番長い時間接したのは伊藤リオンという後輩。

２０１０年に、歌舞伎俳優である市川團十郎さん（当時は市川海老蔵）に西麻布のバーで暴行したとして逮捕された後輩だ。リオンが加入したのは、4人が加入してから少し経ってからのことだった。

俺が少年院を出てきてすぐの頃、地元の友人から「太一たちがいない間、駅前の区民センターのところによく外国人の若い子が特攻服を着て夜中に溜まっていたよ」という話を聞かされた。

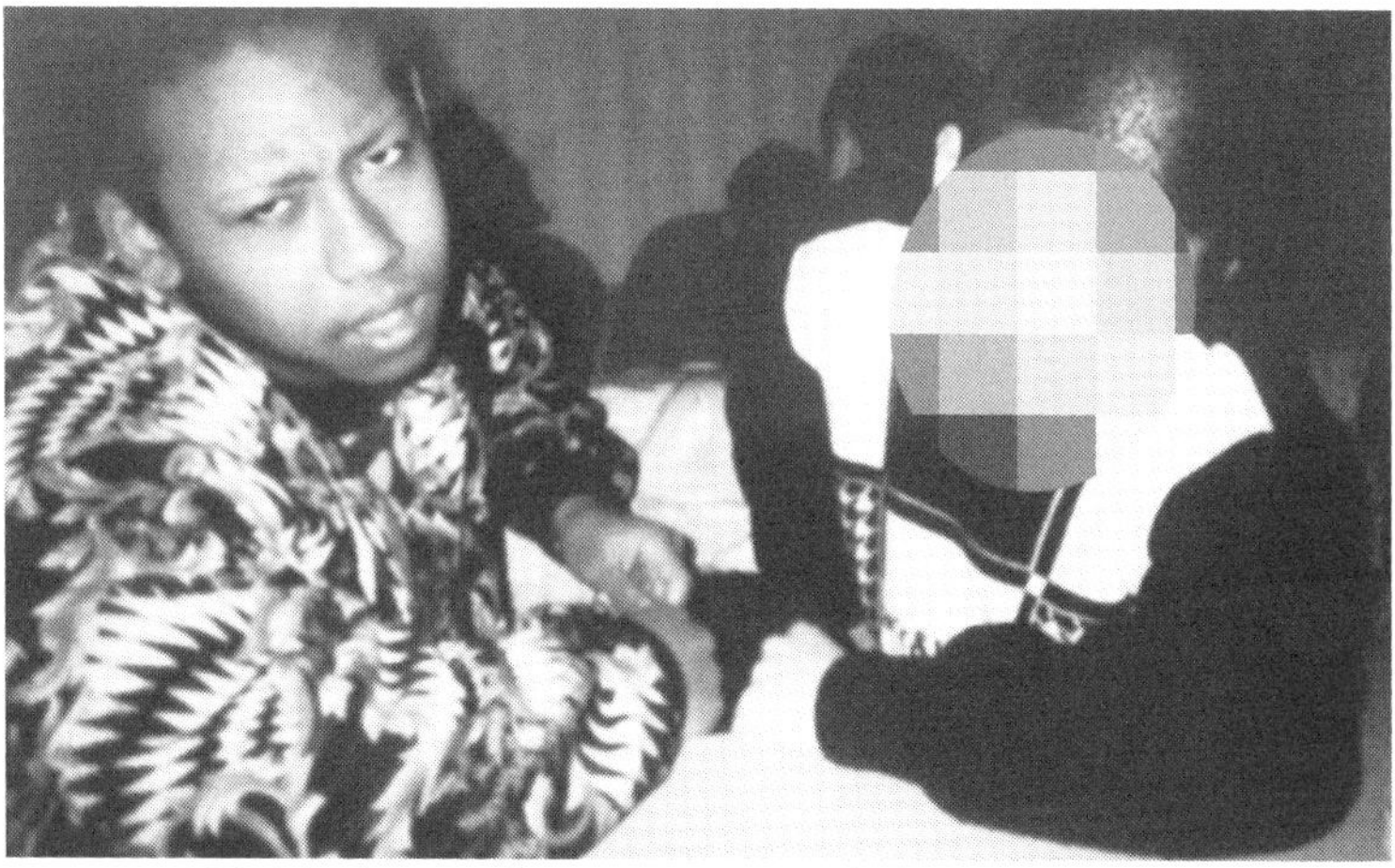

関東連合に加入したばかりの頃の伊藤リオン（左）。派手な服がすごく似合っていた

俺はすぐに人物を特定し、深夜の公園にその周辺の人間たちも含め、全員を呼び出した。はじめてリオンを見た時は驚いた。本当にどこからどう見ても外国人にしか見えなかったからだ。しかも、とても流暢に日本語を話す。

「俺が外にいない間、お前ら特攻服を着て区民センターに溜まったりしていたのか？」

その問いに対してリオンたちは、着ていたのは特攻服ではなく、ただの作業服だったと答えた。

噂というのには尾ひれがつく。俺は拍子抜けした。

だが、リオンという男の印象は思いの他強く残った。悪そうな風体とは違って礼儀正しく、今まで接してきた後輩のなかでも一番しっかりしているように思えた。それだけではない。異常な身体能力の高さにも目を見張るものがあった。

リオンは全身がバネのようでそもそもの筋肉の質が違うようだった。俺自身が体を鍛えていたからすぐにそれがわかったし、「育て方を間違えなければ、こいつは物になるだろうな……」と確信した。

その時はチームのステッカーを捌くのを付き合わせただけで終わったのだが、後日リオン

後輩の中にはブラックエンペラーの象徴である卍狩りにする者も

たちからも「関東連合をやらせてください！」という連絡が入った。リオンたちもある出来事を機にそういった決断に至ったようだった。きっとリオンたちも「自分たちで何でも解決の出来る男になりたい」と思ったのだろう。

後輩たちとの誓い

その〝ある出来事〟というのは、世田谷区の隣に位置する三鷹市を拠点に活動をしている「三鷹スペクター」とのトラブルだ。

リオンたちに捌くのを手伝ってもらったチームのステッカーが思っていた以上に広まっていたようで、区内だけでなく市内の三鷹スペクターの現役の元にまで届いていたようだった。ある後輩から、三鷹スペクターの頭を張っている男が「誰がエンペラーのステッカーなんか買うか。ケンカをしても俺らのほうが上だ」と言っていることを伝え聞いた俺は、すぐにその男の連絡先を調べて電話をかけた。

「おい、俺は千歳台（ブラックエンペラー）の石元だ。わかるか？　お前何だかうちのチームのこと散々言ってくれているらしいな？　ケンカ売っててんのか？」

その男は寺久と名乗った後、

「そうだよ、ケンカ売ってんだよ。別にお前のところとケンカしてもうちは負けねぇから」

と、堂々と宣戦布告をしてきた。

「ずいぶん生意気な奴だな。じゃあ今からお前のことを見つけ次第さらってやるからな。俺に冗談はねぇから。覚悟だけはしとけよ」

「何だよ、1対1じゃやらねぇのか？　びびってんのか、俺に？」

事前に調べた情報だと、三鷹スペクターは現役のメンバーの人数がふたりしかいないようだった。だから寺久は、街中でのゲリラ戦は不利だと思っていたのだろう。自分の得意分野に俺のことを引きずり込もうとしているのはすぐにわかったが、相手の土俵に上がって打ち負かしてこそ、完全勝利を得られる。あまりに相手の態度が生意気だったので、俺はそういった勝ち方を望んだ。

「上等だよ。だったら俺とタイマン張れよ。うちはさらい合いでもタイマンでも負けねぇからよ」

三鷹スペクターのＯＢと関東連合のＯＢは昔から付き合いがあったため、関係は悪くなかった。寺久は俺との会話後、そういった運びになったことをOBに報告したようで、俺のところに関東連合のOBから連絡が入った。

「スペクターの人間とタイマンを張ることになったのか？」

「はい」

「お前が代表者としてやるということでいいのか？」

「自分が売られたケンカですから自分にやらせてください」

「それがどういう意味かわかって言ってんだろ？」

「もちろんです」

OBが言った「どういう意味か」というのは、もし不覚を取るようなことがあればヤキなどでは済まないという意味だ。つまり、俺としては命懸けの決闘になる。

その後、すぐに互いのOB同士が立ち会いのなかでタイマンを張ることが正式に決まった。場所は三鷹市内にある遊具がひとつもないだだっ広いグラウンドで、日時は数日後の深夜となった。

俺は山谷連合の頭とタイマンを張った竹中君のことを思い出し、胸が高鳴った。「今度は俺がチームの代表としてタイマンを張れるんだ！」「背中を見ていた先輩とこんなにも早く肩を並べられる機会が訪れるなんて……」そう思うと、不思議とプレッシャーよりも〝嬉しい〟という感情が湧いてきた。ただ、そのような俺の気持ちとは裏腹に、不安を抱いていた後輩はいたようで、藤という後輩が、

「もし太一君が負けたら自分たち全員ヤキを入れられるみたいです……先輩からそう言われました……」

と言ってきた。俺はそれを笑って聞いていたが、すぐに隣で聞いていた澤美が、

「お前、太一君に何を言ってんだよ！　今言うことじゃないだろ！」

と藤のことを叱責した。藤は関東連合に加入したばかりで関東連合流の壮絶なヤキを入れられるのはきついと思ったのだろう。その時俺は後輩全員を安心させるために、

「大丈夫、絶対に負けないから。俺を信じて安心して見てろ」

とだけ言った。

深夜のタイマン

寺久とのタイマンが決まった直後、寺久の彼女から俺のところに連絡が入った。たまたま俺とその子は知り合いだったのだが、その時初めて俺はその子と寺久が付き合っていることを知った。

寺久から「石元とタイマンを張ることになった」と聞いて、いてもたってもいられなかったようで久し振りに連絡をくれたのだが、それは寺久のことを心配してではなく俺の身を案じての連絡だった。

「私の彼氏、身長は180センチ以上あって、キックボクシングも習っていたからすごく強いよ。ケンカも今まで負けたことないって。だからケンカするの絶対やめたほうがいいよ。きっと勝てないから」

要するに、遠回しな彼氏自慢だ。俺は「私の彼氏すごいんです」と吹聴する女性が好きではなかったので、「だったら尚更負かしてやらないとな」と余計に闘争心に火が付いた。

決闘の当日、千歳烏山の駅前にある区民センター前の広場で事前に合流した関東連合のO

Bたちと共に決闘の場に行くと、三鷹スペクター側はすでに着いていて、臨戦態勢に入っていた。

「じゃあ代表者！　グラウンドのなかに入れ！」

誰かから発せられたその声を聞き、俺とケイはグラウンドのなかへと足を踏み入れた。三鷹スペクターは現役のメンバーがふたりということで、直前になってケイもうひとりのメンバーとタイマンを張る流れになっていた。

事前に寺久の背が高いことは聞いていたので、すぐにどちらの男が寺久なのかわかった。

俺が歩速を上げて近寄っていくと、それに呼応するかのように寺久も歩み寄ってきた。「そろそろ打撃が入る距離だ」と俺が思った瞬間、先に寺久が打撃を繰り出してきた。それをかわすと今度は俺の服をつかみ、膝蹴りを見舞ってきた。俺は少し距離を取り、得意な打撃戦に持ち込もうとミドルレンジから打撃を放った。

が、それでも分が悪いように感じた。リーチ差があったからだ。ミドルレンジでは相手の打撃のほうが届きやすかった。仕方なく俺は再度接近戦に持ち込み、ショートレンジから打撃を加えていこうと試みた。

ケンカというのはルールがないので選択肢が非常に多く、常に臨機応変に行動しなければならない。時に天候や地の利、その日の服装などが勝敗に大きく関わってくることもある。つまり、その場その場でうまく立ち回ること、使えるものはすべて使うこと、それがケンカのうまさ、強さに直結してくる。

相手が強く服をつかんできたため、最初のうちはなかなかこれといった決定打を打ち込めず、時間だけが淡々と過ぎていった。接近戦でも身長差を活かされて上から覆い被され、膝蹴りを何発も入れられたが、そのうち隙を見ては何発か手応えのある打撃を入れることが出来た。

3分、5分と根比べの時間が過ぎていくなか、寺久は打撃によるダメージの蓄積とガス欠からか、荒い息遣いで首相撲のように俺の首をつかむと、突然俺の左耳を思いっきりかじってきた。一瞬だけ激痛が走ったが、そのなり振りかまわない行為に「相手はもう限界が近い」ということを悟り、頭を振ってかみつきを払うのと同時に、うまく足を引っ掛けて相手を倒した。

互いにマウントを取ろうと揉み合いになったが、俺がうまくマウントをとり、上から一方的に殴り続けると、それを嫌がった寺久は頭を抱えるようにして横向きになった。その流れで寺久の背後を取れたため、俺はすぐにチョークスリーパーの態勢に入った。寺久はアゴを引いてそれをブロックしようとしたが、そこは俺の経験が勝《まさ》った。すぐに片方の手で寺久に鼻フックをすると、反射的に寺久のアゴが一瞬上がった。その瞬間アゴの隙間に、俺は腕をすべり込ませた。この一連の動きで過去に何人もの人間を俺は絞め落としてきた。手慣れたもので、もはや〝必勝パターン〟といってもよかった。

何十秒間くらいだっただろうか……。興奮状態だったため、そこまで詳しくは覚えていないが、寺久がきつく絞め上げている俺の腕をタップしながら消え入りそうな声で「参った……」と静かに言った瞬間だけはよく覚えている。それは決着の瞬間でもあった。

グラウンド内に関東連合のＯＢと後輩たちが嬉々として雪崩れ込んで来た。ＯＢのひとりからは「何こんなに時間かけてんだよ！」と叱られたが、その表情はどこか満足そうだった。

仲間たちの輪のなかにいた俺が寺久のほうに目をやると、グラウンドに大の字になって倒れているところをＯＢから蹴られ、怒声を浴びせられていた。

「何やってんだ、テメー!!」

「あいつなりにプライドを懸けて必死に戦い抜いたのにな……」。そう思いながら俺が横目でヤキを入れられている寺久を見ていると、三鷹スペクターのOBの代表者が俺に近づいてきて言った。

「今回はこういう形になったけど、寺久の気持ちもわかってやってくれ。石元だって突然地元にスペクターのステッカーが回ってきたら『何だ、この野郎』となるだろ？　あいつからしたら売られたケンカを買っただけのことだから」

と言ってきた。その言葉の意味はわからなくもなかったので、「わかりました」とだけ返事をした。

ところでこの話には余談がある。

ケイはなぜか途中ですぐに相手とともにグラウンドから出てしまっていたのだが、タイマンを終えた後、俺が、

「お前、何で途中でケンカをやめてグラウンドから出て行ったんだよ？　気になって途中ケンカに集中出来なかったじゃねぇかよ」

と問い詰めると、

「相手から突然、『頭のケンカ見なくていいのかよ！』なんて言われて、見たほうがいいのかなと思ってふたりでケンカをやめて立っていたら、ＯＢの誰かから『お前ら！　やらねぇんだったら邪魔だからグラウンドの外に出て来い！』と言われたんだ」

と答えた。観戦していた後輩たちの話によると、ケイは相手のことを一方的に押していたらしい。ヘッドロックをしながら殴りつけている時に相手からそのように声を掛けられ、手を離し攻撃をやめてしまったようだ。きっと相手側が「これ以上続けたらやばい！」と感じ、適当な言葉を並べたのだろう。俺からすればどちらもマヌケだ。とくにケイはド天然もいいところだろう。

そしてもうひとつ、どうしても触れておかねばならないことがある。それは決闘前の俺にプレッシャーを与えてきた藤のことだ。藤は前日あまり寝ていなかったせいか、俺がタイマンを張っている最中、何度も寝落ちしそうになっていたという。

「あれだけ俺にプレッシャーをかけておいて、何てふてぇヤローだ……」

俺がそう思ったことをわざわざ書き記す必要はないかもしれないが、一応本人への戒めの意味も込めてあえてここに書き記しておきたいと思う。

三鷹スペクターとの合流

タイマンによる決着後、寺久たちスペクターのメンバーは「自分たちも市内でばかりケンカをするのではなく、都内でも名前をもっと売っていきたいんです。だから関東連のケンカにも参加させてほしいです」と頼んできた。俺は、「いい考えじゃないか。俺たちと一緒につるめよ。都内には暴走族もチーマーも多くいるから、ケンカ相手には困らないぞ」と快く了承した。

そう、都内には日々チームが生まれ、掃いて捨ててもあり余るほどの不良がいた。日本で一番不良が多い地域は東京ということに異論を挟む人間などいないだろう。それはそうだ、他の地域と人口が違う。

ただ、寺久にはひとつ懸念材料があったようで、「是非そうさせてもらえると有り難いのですが、太一君以外のメンバーにまで自分が下に見られるのだけは絶対に嫌なんです。自分が負けたのは太一君であって、他のメンバーではないですから。名前だって他の人間たちに比べ自分のほうが売っているはずです」と言ってきた。

寺久の言っている意味はよく理解出来た。

端から見れば関東連合と一緒に活動することによって、「三鷹スペクターがケンカに負けて千歳台（ブラックエンペラー）の下についた」と見えるかもしれない。スペクターという伝統ある看板を背負って活動をしている以上、そういった見方をされるのは絶対に避けたかったのだろう。寺久もまたプライドの高い男だったので、「そのような考えに至るのも自然なことか」と思った。

「うちのチームにお前のことをそんなふうに見る奴なんていねぇよ。チームを代表して俺と命を懸けて1対1でやり合ったのだから勝ち負けは関係なく、むしろ男として株を上げたんじゃねぇのか？　俺はそう思うけどな」

俺のその言葉に寺久は納得したらしく、その後大きなケンカがありそうな時には俺たちと行動を共にするようになった。三鷹スペクターとのケンカを機に、俺たちはまた新たに頼もしい仲間を得ることになった。しかも、つい先日まで敵だった人間たちが、だ。〝昨日の敵は今日の友〟だなんてよく言ったものだ。それは現実に起こり得ることだというのを、10代の早い段階で俺は知ることが出来た。

数少ない後輩たちとの集合写真。関東連合の特攻服のデザインは、有名マンガ「東京リベンジャーズ」に出てくるものと酷似している

クリスマスの夜に……

寺久たちスペクターのメンバーとは、その後何度も活動を共にした。代表的なのは、後に俺が特別少年院に入院することとなった「トーヨーボール事件」だろう。ただ他にも、同じように印象に残った事件はある。トーヨーボール事件とはまったく違った意味での印象の残りかただが。

１９９９年12月24日、クリスマスイブの夜、武蔵野市や調布市方面で大規模な集会が開かれているという情報が俺たちの元に入った。

俗にいう〝クリスマス集会〟というやつだ。

俺は市内のことに精通している寺久たちのことを誘って、早速狩りに出掛けた。

するとすぐに、「吉祥寺のほうでサンタクロースの格好をした連中が走っている」という情報が入った。そこから俺たちの動きは早かった。「誰が一番手柄を上げることが出来るか」といった感じで、我先にとばかりに全メンバーがノンストップで調布市から吉祥寺方面へとバイクを走らせた。

「もう少しで吉祥寺だ！」

その時、前方に不規則な動きをしているバイクのテールランプの群れが見えた。

「いたぞ！」

「行け！　行け！」

「1台も逃すなよ！」

瞬時に全メンバーが臨戦態勢に入った。

その時先頭を走っていたのは寺久たち三鷹スペクターで、寺久は一番目立っていたサンタクロースの格好をしている人間を標的にしたらしく、相手のバイクに横付けをした後、持っていた金属バットを相手の背中目掛けてフルスイングした。が、その直後、なぜか寺久の動きが止まった。また、別の場所ではブラックエンペラーの後輩も、相手のバイクに横付けし、上手に蹴りを入れて相手を転ばせた。その瞬間だった、俺たち全員の動きが止まったのは。

「きゃっ！」

こけた相手はやたら甲高い声を上げた。

「えっ!?」

俺たちは思わず顔を見合わせた。するとすぐに慌てた様子で寺久が俺のもとへと近づいてきて、大声で言った。

「太一君！　ちょっと待ってください！　知り合いです！　知り合い！」

その日走っていたのは吉祥寺の辺りを拠点として活動をしていた「美幻華《びげんか》」というレディースチームだった。

寺久が叩いたのはそのチームの頭《リーダー》。相手は背が高く、ダボついたサンタクロースのコスチュームを着ていた上、夜中に背後からという状況だったので、男と見間違えてしまったようだ。寺久が相手の背中を叩いた瞬間、相手側はすぐに寺久と気づいたようで、「寺久ぁ、テメぇ……」と凄まれたという。

大人数の人間が道路のど真ん中でいつまでも立ち止まっているわけにはいかなかったので、「一旦この場から動こう」と俺は全員に指示をした。一緒に吉祥寺のアーケード街まで移動し、その場で、

「申し訳ない……サンタの格好をしている連中が市内を走っているという情報が入ったから、君たちのことをてっきり『調布ルート』かその周辺の人間かと思ってしまったんだ」

と謝罪をした。幸い、誰も大きなケガなどをしていなかったので、その謝罪は受け入れてもらったが、大いに反省はした。「泣く子も黙る関東連合」などと不良界隈で言われてはいても、その世代によってテイストやスタイルみたいなものはある。

俺たちの代はとんと女性には弱かった。

バックレという認定を受けた者のつらさ

ある時、俺がケイや後輩たちを連れて千歳烏山の駅周辺にあったお店で食事をしていると、遅れてやってきた別の後輩が店員に注文を済ませた後、急に思い出したようにこんなことを言ってきた。

「そういえば太一君、今、外で金地君と夏賀君に会ったんですけど、何か知らない人にぶっ飛ばされてましたよ」

「は!?　マジで言ってんのかそれ？　お前、何でそういう大事なことをすぐに言わねぇんだよ！　のん気すぎんだろ！」

「すみません……」

「ちょっと出てくる！」

と言い残して、俺はすぐにお店を後にした。

金地と夏賀というのは俺と同い年の人間で、国立での乱闘事件くらいまで共に活動していた元メンバーでもあった。

金地は練馬区の野方のほうで暴走行為をしている時にパトカーを破壊して警察に逮捕されたのだが、鑑別所を出た後、両親が金地が立ち直れるよう地方に引っ越したため、途中で活動を辞めざるを得なくなった。その際金地は「せめて単車だけは……」と言ってCBX400Fというバイクを俺に託してくれた。でもどのような理由があろうと関東連合のOBからすれば金地も夏賀もバックレに変わりはない。

俺がお店を出て後輩に教えられた場所に走って向かうと、

「すいません！　本当にすいません！　勘弁してください！」

という大きな声が聞こえてきた。

そして次の瞬間、俺の視界に入ったのは、俺の知らない相手から一方的に殴られ、顔から派手に出血している金地と、それを後ろに手を組んで遠巻きに見ている夏賀、それに佐久間

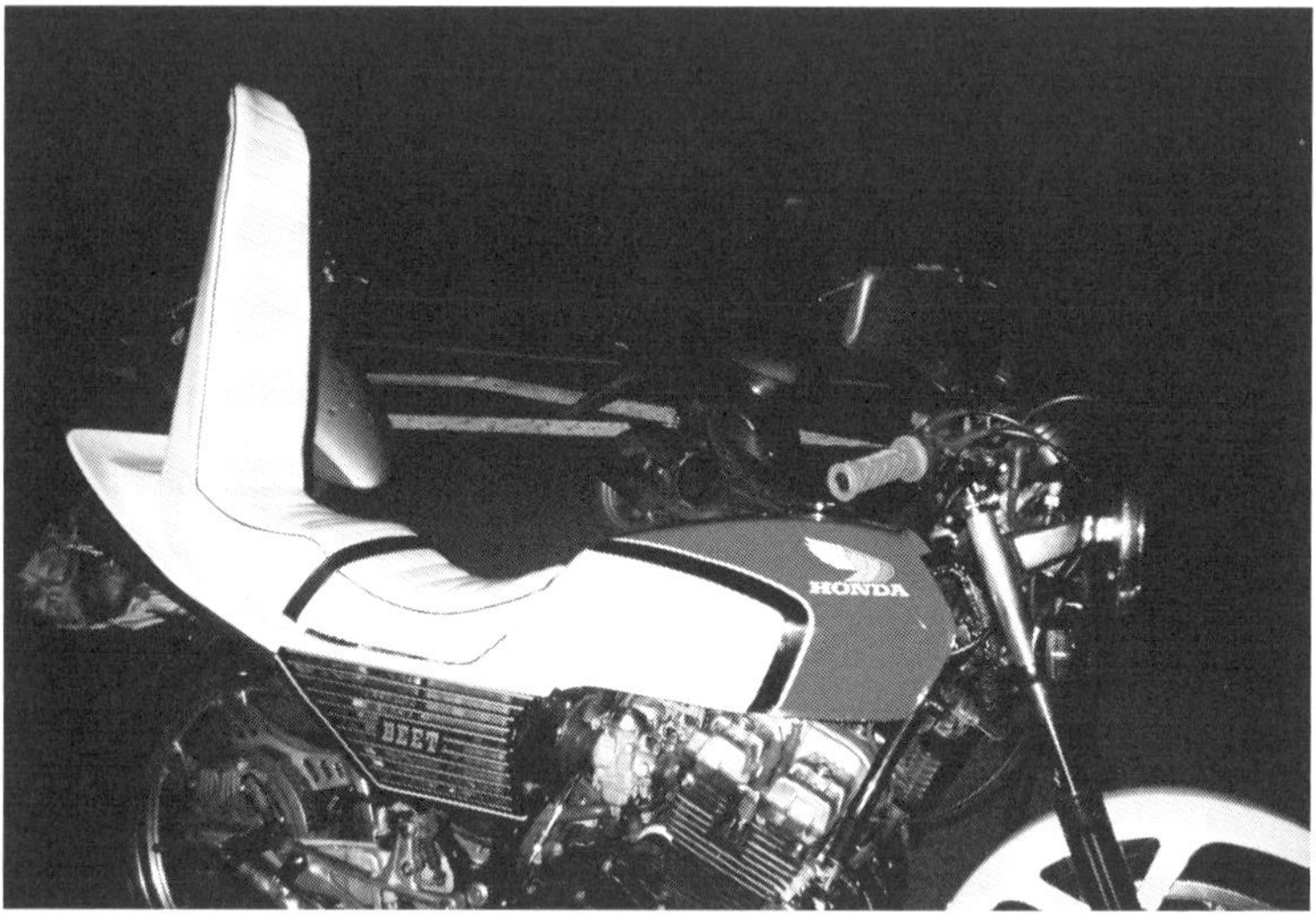

友人が俺に託してくれたCBX400F

君と同期の関東連合のＯＢの姿だった。

その光景を見た瞬間頭に血が上ってしまった俺は、

「ここで何やってんだ‼」

と声を張り上げ、金地を殴っていた人間に詰め寄った。

「おい！　テメー誰のこと殴ってんだ？　そこらへんにしとかねぇと殺すぞ！」

金地は、「太一！　助けてくれ！」と言いながら俺に駆け寄ってきた。金地に近づいてみて気づいたが、顔の至る所が腫れたり出血していた。きっと長い時間暴行を受けていたのだろう。

「あぁ？　突然しゃしゃり出てきて、お前誰だよ？」

金地に一方的な暴力を振るっていた男が、今度は俺に凄んできた。すると関東連合のＯＢが、「千歳台（ブラックエンペラー）の後輩の太一だよ。やめとけ」と言って間に入ってきて、

「太一、悪いな。こいつかなり酔ってるから」と詫びて場を収めようとしてきた。

だが金地のケガを見て頭に血が上っていた俺は、その男に再度詰め寄った。

「酔ってるんだか何だか知らねぇけど、ここまでこいつのことをやる必要ってあったのか

よ!?」

「挨拶の仕方もなってねぇし、生意気だったんだよ！」

その言葉を聞き俺が金地に目をやると、金地は大きく首を横に振っていた。

「あんたの言い分はよくわかった……じゃあその理由ならこいつより俺のほうがよっぽど生意気だよな？　今俺のこともむかついてるんだろ？　じゃあ今から俺とサシでやろうぜ。それとも何か？　やり返してくる相手とは怖くてやれねぇか？」

その言葉の後、男は数秒間沈黙して「俺が悪かった……やりすぎたよ」と詫びてきた。

この出来事を通じて俺が思ったのは、〝バックレ〟という認定を受けた人間はとことん弱いということ。どのような形であれ途中で逃げ出した人間や足抜けした人間は、不良としての今までの功績も立場も、そして発言権さえも奪われてしまう。不良の世界というのは本当に厳しい。弱肉強食の世界だ。

見立真一との出会い

俺が六本木クラブ襲撃事件の主犯格である見立真一という関東連合のＯＢと初めて会った

のは、中等少年院を出院してすぐの頃だった。

地元の先輩の篤から、「これから見立に会うから一緒に行かないか？　まだ会ったことがないなら、早いうちに会っておいたほうがいいだろ」と誘われ、都内のファミレスで顔を合わせた。

俺が関東連合に加入した頃、すでに見立は塀のなかにいた。まだ少年院に移送される前で、練馬鑑別所に収容中の身だった。

当時の関東連合は誰か仲間が逮捕されると、鑑別所だろうが警察署だろうが多くのバイクを出して激励に行くのが慣例となっていた。警察官や鑑別所の職員が出て来ようが、カラーボールを投げつけられようがお構いなし。長い時間に渡って騒音を上げ続ける。決まって三拍子で、だ。仲間が激励に来たことを収容者に気づかせるために、すべてのバイクが同じ間隔でアクセルを3回開ける。それをひたすら繰り返すのが、関東連合流の激励の仕方だった。

見立の激励の時もそれは同様だったが、その日は俺より3歳上のOBも総出で、いつも以上にしつこく練馬鑑別所の周りをバイクで走り続けた。その時もいつものようにパトカーが何台も俺たちの後ろにべったり張り付いていたが、意に介さず。とにかく、「これでもか」

見立と一緒に海に行った時。当時、俺はまだ 23 ～ 24 歳だった

という くらいに騒音を上げ続けた。その様子を間近で見ていた俺は、「皆がここまでやる見立という人は一体どのような人物なのだろう……」と興味を抱いた。

見立との初対面は、挨拶をした俺に対し「おう、頑張れよ」くらいだったが、2度目に会った時は俺が後輩たちを大勢引き連れていたため、「格好とか礼儀とか、お前が一番わかってるんだから後輩たちにしっかり教えてやれよ。まだ全然なってねぇぞ」と言われた。また他に、「全員体を鍛えさせろ」とも。俺と同じで体を鍛えるのが趣味みたいな人だったので、まだ線が細い後輩がいるのを見てついそういった言葉が口を突いて出たのだろう。

俺は寺久とのタイマン後に、もっと専門的な打撃の技術を身につけたくてボクシングジムに通い出した。警察の目が気になり出してすぐに行かなくなってしまったが、見立との会話をきっかけに、学んだことを後輩たちに教えたり、ケイを連れてスポーツジムに行く機会を積極的に持つようにした。

日本一用心深く、承認欲求のない男

見立といえば、凶暴さや残虐性が有名だが、それ以上に異常なまでの用心深さも仲間内ではよく知られた話だ。

まず初対面の人間には自分の携帯番号を教えない。恋人の存在はもちろんのこと、住んでいる家だって側近中の側近にしか教えない。自分の車にＧＰＳが取り付けられていないか頻繁にガソリンスタンドなどで車を持ち上げて確認するし、帰宅時には自宅周辺を何周か見回ってから家に入ることを習慣づけていた。石橋を叩いた後も、自らは決して先には渡らないタイプの人間だ。「枕元には常に日本刀を置いている」と、本人が話しているのを聞いたこともある。そもそも非常に神経質なため、眠りも浅くショートスリーパーだ。

ここ数年、ＳＮＳの流行と共に〝承認欲求〟という言葉をよく聞くようになったが、そういった欲求も見立はまったく持ち合わせていない。むしろ逆に、とにかく目立つことを嫌う。極端なまでに、だ。人はある程度お金や権力を持つと、いい車を乗り回したり、高級な宝飾品を身につけたり夜の街で派手に飲み歩いたりするものだと思うのだが、見立はそういったことに一切関心、興味を示さない。もちろんそれなりにいい車には乗っていたが、派手なスポーツカーなどは好まず、黒や白などの地味な色の車を大していじりもせず乗っていた。唯一彼が身につけていた宝飾品も、俺が彼の誕生日に贈った腕時計と、知り合いのデザイナーからもらったというゴツめのデザインのブレスレットくらいだった。お酒も祝いの席や旅行時などに口にするくらいだ。髪型も、指名手配書以上に伸ばしているところを俺は見たことがない。髪を染めているところすらだ。だからこそ、六本木クラブ襲撃事件が起きて12年が経過しても、警察は見立の足取りをつかめていないのだろう。いや、白旗さえ振っているのが現状だ。

昔そんな見立に、「そのような生活を続けていて疲れませんか？」と尋ねてみたことがあるのだが、見立は、「俺は絶対に（誰かから）やられてはいけない立場だし、逮捕されてもいけない立場だって自覚してるから」と答えていた。

関東連合のリーダーとして、敵対している人間に襲われたり警察に捕まって長期間社会不在になることを、「絶対にあってはならないこと」として捉えていたのだろう。

与えられた早朝のミッション

そんな見立の用心深さは昔からだ。その片鱗を垣間見たのは、俺が見立と出会ってから2、3カ月経った頃のこと。

見立がまだ20歳の頃、ある大きな不動産会社の社長の運転手兼ボディガードのようなことをやっていたのだが、ある時突然見立から「朝、家の周りに怪しい車が停まっていたんだ。俺が家を出る前、後輩たちに家の周りを見回らせてくれ」と頼まれたことがあった。話しぶりからして、見立は警察の張り込みを気にしていたようだった。

見立から頼まれた次の日から、俺は毎朝後輩ふたりを杉並区にあった見立の自宅まで派遣した。もし何か間違いがあれば、「すいませんでした」だけでは済まされない。見立が家を出る30分から1時間前くらいまでには現場に後輩たちを到着させ、見立の自宅周辺を見回らせた。そして何も異変がなければ見回った後輩が見立に連絡。その後見立を見送ってミッション終了という運びだった。見立から「もう大丈夫」と言われるまで、そんな日々が2〜3週間続いた。

シビアな金銭感覚

見立は、老舗レコード会社役員の孫にあたる同い年の人間から合計で5千万円ものお金を恐喝したことがあった。まだ見立が18歳の頃の話だ。そんな大金を得たにもかかわらず、見立はお金に非常に厳しい人物だった。

ある時見立から、「ヤキを入れてもらいたい奴らがいるから、今から杉並まで来てくれ」と連絡が入った。指定された見立の自宅近くのコンビニエンスストアの前まで行くと、俺たちよりも先にすでに3人の男が立っていた。歳は俺よりも少し上に見えたが、どのような角度から見ても3人とも不良には見えなかった。なので、俺自身は進んでヤキを入れる気にもなれず、後輩たちにすべてを任せた。

人気《ひとけ》のない公園に3人を連行しヤキを入れた後、元いたコンビニエンスストアの前に戻ると見立が現れ、その3人に「これでよくわかっただろ?」と言っていくつかのことを忠告をしていた。話の感じからすると、どうやら見立との間に何か金銭トラブルがあったようだった。その3人はひたすら見立に向かって謝っていた。詳しいことについては最後まで見立の口から語られることはなかったが、「金が絡むことでもここまでやる人なんだな……」ということだけはよく理解出来た。

他にも、このようなことがあった。

俺たち現役メンバーとOBが砧公園の近くにあるデニーズの駐車場にいると、偶然にも族車が騒音を上げながら何台も目の前を通過しようとしていた。

俺たちは誰も号令をかけることなく脊髄反射のように無言でその連中に襲い掛かった。環状八号線の片側全車線を止めての大乱闘。逃げ遅れた相手側の人間たちはなす術もなく制裁を受けた。

そんななか、後輩の藤が相手のひとりを拉致しようとしたのか、相手を自らのバイクの後ろに乗せたところ、必死になっている相手から首を絞められ転倒した。それを見て「馬鹿の極みだな……」と思ったのは俺だけではなかったはずだ。普通はバイクを使って人を拉致する時は、サンドウィッチ状態のサンケツの上、抵抗されないよう後ろから刃物を相手に突き付ける、または逃げようという気を起こさせないように、バイクに乗せる前に走れないくらいに相手の足を徹底的に痛めつけておく。それがバイクを使ってさらう上でのセオリーだ。

それを省いてお気楽に拉致しようとして抵抗にあったのだから、いくら関東連合に加入してまだ日が浅かったとはいえ、愚かとしかいいようがなかった。

バイクで転倒した藤は、「あ、あばらが……」と腹の辺りを手で押さえながら、もだえるようにして苦しんでいた。それを見た見立が少し呆れた様子で、他の後輩にこう命じた。

「おい、もしかしたらあばらが折れているかもしれないから、誰かこいつを病院に連れて行ってやれ」

その時見立は診察費として5千円札を藤に手渡していたのだが、その姿を見た時は「あの人にも優しいところがあるのだな」と思ったものだった。

だがそれから数日後、他の先輩が「見立君が藤に怒ってたぞ。『普通は先輩に病院代を出してもらったら、すぐに返しに来るものだろ』と言って。キレられる前にすぐに藤に返しに行かせたほうがいいぞ」と俺に耳打ちしてくれた。

俺はその先輩にお礼を言った後、すぐに藤に見立のところにお金を返しに行くよう伝えたのだが、「礼儀だけではなく金に関しても本当にシビアな人なんだな……」とも思い、以後同じようなことがないよう現役メンバーを率いている立場として気をつけた。

ちなみにこれは余談になるが、その件以降、藤は先輩たちから〝あばら〟という不名誉なあだ名をつけられた。藤は本当に話題には事欠かない後輩だった。

唯一の安らげる場所

当時、俺を含めた現役世代は関東連合のＯＢからの風当たりが非常に強かった。

理由は、関東連合グループの主立ったメンバーのなかに、俺たち現役世代の直上に当たる先輩が誰もいなかったからだ。

地元の先輩でもあった佐久間君は関東連合の直上の先輩にも当たるが、俺が現役活動をはじめてすぐの頃に警察に逮捕され、長期間社会不在となってしまっていた。

どのＯＢも皆自分のチームの直下の後輩をかわいがる傾向にあり、同じ関東連合グループとはいえ、そこには明確な線引きみたいなものがあった。引退後はそういった垣根みたいなものは一切なくなったが。

関東連合は規律に非常に厳しく、仲間のために体を懸けることや警察に逮捕されることも厭わない武闘派のグループ。敵対している人間だけでなく仲間内に対しても何かあればヤキという名の凄絶な制裁が加えられるので、関東連合に加入したはいいが、すぐに逃げ出してしまう人間も多くいた。実際に入ってみると、見える景色がまったく違っていたのだろう。

もちろんその他に、「後輩は使い倒すもの」という考えからか、「後輩を育てる」といった概念自体が多くのＯＢに欠如していたという問題もあった。その証左に、現役が途絶えてしまっていたチームも多かった。

そのような状況下で俺たちは活動していたので、様々なチームのOBから呼び出される機会もあれば、後輩の誰かが何か下手を打てば連帯責任で責め立てられることも多々あった。それがかえって現役世代の絆を強くしたという側面はあったが。

リオンは前述した通り、俺の直下に当たる千歳台ブラックエンペラーとして活動をしていたが、ある時、宮前愚連隊のOBから「リオンは太一と同じ地元とはいえ、通っていた中学は杉並区なんだから筋的には宮前だろ？　だからリオンには宮前をやらせたい。太一、了承してくれないか?」と頼まれたことがあった。

他のチームのOBからも、「いろんなチームのメンバーがいたほうが太一たちの代ももっと盛り上がるんじゃないか?」と言われたこともあり、リオン本人と話し合った結果、過去に類を見ない〝移籍〟という形になった。宮前愚連隊の伊藤リオン誕生の瞬間だった。

実際、確かにその後の俺たちの活動範囲は広まり、関東連合の勢いは増した。また、俺自身もそれを機に、冗談だったのか本気だったのかはわからないが、よくよそのチームのOBから「特攻服を用意するから、うちのチームに移ってこいよ」と勧誘された。もちろん千歳台ブラックエンペラーというチームの総長であり、現役世代の扇の要でもあった俺がそのようなことを出来るわけもなく、そういった誘いはすべて丁重に断っていた。

そのように関東連合内で直上という添え木もなく、いろいろなチームのＯＢの要求にも応えなければならない孤軍奮闘状態の俺たちではあったが、〝唯一の癒やし〟ともいえる安らげる場所、存在はあった。

それは自分たちの地元であり、地元の先輩の篤の存在だった。

どんなに過酷な活動があっても愛する地元に戻り篤と顔を合わせれば、そんな疲れもすぐに吹き飛び、俺も後輩たちも皆自然と笑顔を思い出した。

篤は佐久間君といった関東連合に所属していた同級生がいたからか、関東連合の活動をよく知っていた。だからか、俺たちの労をねぎらうために、たまにおいしいものをごちそうしてくれたり、他元まで車で遊びに連れて行ってくれたりもした。

そういった何気ないこと、さり気ないことが殺伐とした日常から俺たちを一瞬とはいえ離れさせてくれた。そのような人として非常に重要な時間を得ることが出来たのは、篤が決して偉ぶることなく、自分の目線の高さを後輩たちに合わせられる人間だったからだろう。

こんなこともあった。

事件を起こした俺を含めた何人かのメンバーが警察を警戒して家に帰ることが出来ない時、篤の自宅に全員を3週間以上も泊めてくれたことがあった。

「着替えが足りないだろう?」

そう言ってはTシャツなどを買ってきてくれたり、子どもみたいな話になるが、当時俺たちがハマっていたお菓子を大量に買ってきてくれたりもした。

また、俺の誕生日には、トレーニンググッズや素敵なベルトをプレゼントしてくれた。そのトレーニンググッズは溜まり場となっていた家に置かれ、皆の愛用品となった。

それらの出来事は、「もし篤君に何かあれば、惜しむことなく動こう」と思わせるには充分だった。実際、篤が地元のヤクザと揉めた時、篤の代わりに俺が必死になって動いたこともあった。それくらい俺は篤のことになると周りのことが見えなくなったし、深く慕ってもいた。今になって思うと、あの時篤という存在が身近にいたから、俺たちの世代はあの過酷な現役生活を堪え続けることが出来たのかもしれない。

某激安量販店に対する街宣活動

篤とトラブルになった地元のヤクザというのは、住吉会系の「布井組」（仮名）というところで、俺や篤の地元である千歳烏山を根城にしていた組織だった。

本来、千歳烏山は同じ住吉会の別の組織が縄張りとしていたのだが、布井組の組長であった布井はなかなか悪知恵が回る男で、波風が立たないよう正式な組事務所ではなく、右翼団体という名目で千歳烏山に事務所を出していた。いわゆる、隠れ蓑というやつだ。縄張りとしていた組織のことをナメていたからこそ出来ることであって、それをきっかけに、布井組は地元でどんどん影響力を持つようになっていった。

俺が布井と初めて接したのは、布井組が行っていたある街宣活動（街頭宣伝活動）の時。布井組は1千万円くらいする立派な街宣車を所有していたのだが、その街宣車も人から恐喝したお金で購入したものだった。

ある時、布井が面倒を見ていた飲み屋のママが、ある国民的アーティストのキーボードを担当していた人間が運転していた車に轢かれたことがあったのだが、それを理由に布井はその人間からかなりの金額を巻き上げていた。その時の一部のお金で布井は街宣車を購入し、街宣活動をはじめていた。

街宣活動で布井が手はじめにターゲットにしたのが、ある激安量販店だった。深夜営業やアダルトグッズを販売している点に目を付け、連日、環状八号線沿いにある店舗などに街宣をかけていた。深夜営業は近隣住民に迷惑を掛けている、アダルトグッズの販売は青少年らに悪影響を及ぼしているという理屈をうまく作り出していた。ただその当時、布井組の組員はそんなに多くなかったため、「街宣活動に参加している人数が少ないと格好がつかない」ということから、元々布井と面識のあった篤のところに声が掛かった。そして、篤から俺のところに……。

「布井さんが『もし街宣に協力してくれるのなら、(関東連合のメンバーに)ひとり1台ずつ単車を買ってやる』と言ってるのだけど、どうかな? ただ車に乗っているだけでいいみたいだ」

正直、話したこともないヤクザのために動くのは気乗りしなかったが、篤のことは信用し、慕ってもいたので、

「そうすることによって篤君の顔が立つなら協力しますよ」

と言って、その話を引き受けた。

当初の約束通り、俺や俺が連れて行った後輩たちは街宣車から一歩も降りることはなく、ただ車に乗っているだけでよかった。

毎日関東連合としての活動も忙しかったため、車のなかで俺はほとんど寝ているだけ。それでも布井からは何も言われなかった。助っ人として参加している立場だったので、お客さんみたいな扱いだった。ただ、たまに差し入れとして布井組から出される食事は「マクドナルド」の一番安いハンバーガーセットか「ほかほか弁当」ののり弁だったので、後輩たちからは「こんな安いものしか出さないのに、本当にひとり1台単車を買ってくれるんですかね?」「ハンバーガーセットを買うのに、クーポンまで使ってましたよ。ヤクザのくせにケチくさくないですか?」「そのクーポン券も、近くのマックからもらったやつらしいですよ。マックも『これあげるから、どうかうちには街宣をかけないでくれ』と遠回しに頼んでるんですかね?」などといった声が上がっていた。差し入れだけを見れば、後輩たちがそのように不安を抱く理由もわからなくなかった。

街宣活動中、たまに起きて車から外を覗くと、毎回、激安量販店の前には柄の悪そうなスーツを着た男たちがカメラを片手にこちらを撮影していた。スーツを着た男たちは特に攻撃的な素振りを見せてくることもなかったので、俺は車外に出ることもなく、そのまま眠りつづけていた。

そんな活動を1カ月くらいつづけた頃だっただろうか、ある日突然篤から、「話がついて店から金が取れたみたいだ。ただ、布井さんが俺に渡してきたのはこれだけだった」と言われ、目の前に1万円札を3枚差し出された。

「は？　あんだけ付き合ってあげて、それだけですか？　単車を買うという話は？」

「何だか思っていたよりも取れた金額が少なかったみたいで、『今回はこれで納得してくれないか』だってさ。言っとくけど、俺は一切抜いたりしてないからな」

篤自身も布井に対していろいろと思うところがあるようで、憮然とした表情を浮かべていた。俺たちもずいぶんと安く見積もられたものだった。

「大丈夫ですよ。信じてますよ、篤君のことは。布井さんがただ金にがめついだけでしょ。これだからヤクザってのは……ますます嫌いになりましたよ。まぁ今更何か言ったところで仕方がないし、その金で後輩たちも連れて皆で飯でも食べに行きましょうよ！」

結果的に布井の調子のいい言葉に俺も篤も騙された形になったわけだが、前向きに捉えれば、その街宣活動を通じて国や企業など強大なものに対する抗議の仕方を学ぶことは出来た。

もちろんこの件を機に、「2度と布井のようなヤクザとは関わるまい」と心に誓いもしたが。

布井はこの成功体験に味をしめたのか、後に地元住民の後押しを受けて某宗教団体の教団施設に銃弾を撃ち込み、恐喝を仕掛けた。その件は教団に警察に駆け込まれ失敗に終わったが。

その話はまた別の場所でしたいと思う。

ある男の不義理から立った波風

その街宣活動時、篤は自分の後輩のひとりだった川里のことも参加させていたのだが、そのミッションが終了後も川里は布井と頻繁に会うようになっていた。それも、篤に隠れてだ。

自分の頭を飛び超えて勝手なことをしている川里に対して篤はかなり苛ついていたようで、俺に「川里の奴、俺に隠れて裏でこそこそ布井さんとつるんでいるみたいなんだよな。今度一緒に旅行に行く話とかもしているらしい」と言ってきた。

「川里がそういう気持ちの悪い動きをする奴だというのは前々からわかっていたことじゃないですか。街宣中も布井さんとふたりでよくこそこそ話をしていたし。布井さんのところも人が多いわけではないから、組員として川里のことが欲しいんでしょ」

俺が笑いながらそう言うと、篤は、

「だとしても、俺に一言もないのはおかしいよな。筋が通らねえだろ」

と、不満な気持ちを露わにした。

「篤君のその気持ちはよくわかりますよ。自分としても気持ち悪いなと思いますよ、川里の動きは。以前川里が佐久間君のことを警察に謳った件で千歳船橋の連中からヤキを入れられた時、途中で助けに入ってやったのは他の誰でもない、篤君でしたからね……恩知らずというか何というか……。もしこれ以上川里が助長するようなら、自分が篤君の代わりに川里のことをやりますよ」

俺のその提案に対し篤は大きく首を横に振り、

「いや、いい。太一がやることじゃない。もし何かあれば俺が直接川里のことをやるよ」

と静かに言った。

川里の処世術

それから1週間も経たないうちに、俺たちの耳に川里が布井から盃をもらった（組織に加入した）という話が入ってきた。だが、川里から篤のところに連絡が入ることはなかった。そのことに篤はひどく憤った。

「俺に一言もなしとは、あいつもいい度胸してんな……。布井さんがついていれば何してもOKだとでも思ってんのか」

篤のその言葉に対して俺が、

「『うまいもの食わしてやる』、『いい服買ってやる』……入るまではお客さん扱いで徹底的にもてなすといった典型的なヤクザの勧誘手口に川里も引っかかったんでしょうね、きっと。布井さんも外面《そとづら》はよくて、羽振りがよさそうに見せるなど、見せ方はうまいですからね」

と返すと、篤はそれでもまだ納得が出来なかったのか、

「川里がヤクザをやりたいなら勝手にやればいい。そんなことはどうでもいい。それよりも散々世話になっておいて一言もなしというのは、さすがに看過出来ねぇよな」

と理解を求めるかのような口調で言ってきた。

「あいつ、学校で1度も道徳の授業とか受けたことがないんでしょうね」

俺はそう言って笑った後、こうつづけた。

「かわいがってもらっていた佐久間君のことを裏切ったと思ったら、今度は篤君のことを裏切って布井さんにくっついたわけですからね……何度主替えをするつもりなのか、あいつは……。そんな奴だから、どうせ放っておいてもすぐ布井さんのことも裏切って、今度は山口組のどっかの組にでも世話になってますよ」

「ははっ、そうかもな！　太一は川里が布井さんのこともすぐ裏切ると思うか？」

「これは俺の持論ですけど……1度バックレた奴って何度でもバックレるし、1度警察に謳った奴は何度だって謳いますよね。それと同じで、裏切る奴もまるで病気みたいに何度でも裏切るでしょ。それだけ自分のことがかわいいってことですから。そういった考え方、性格は簡単には変わらないですよ。でも川里に関しては、もう感心すらするレベルですね。生粋の世渡り上手というか、人たらしというか、あそこまでいくともう、舌を巻く域ですよ」

実際、俺のその予想は的中し、後に川里は布井を裏切り、山口組のある組に世話になることになる。しかし、その組織に対しても不義理をし、最後は振り込め詐欺で警察に逮捕され、懲役に行くこととなった。

篤の妥協ライン

篤も早くからグレていただけあって、なかなかケンカっ早い人間だった。言葉よりも先に手が出るくらいに。だからか、川里のことをどうしても許すことが出来なかったようで、川里を呼び出してシメようとした。だが、川里はすぐに布井に泣きつき、逆に篤が布井から呼び出されることとなった。テーブルに着いた布井は、開口一番篤にこう言った。

「篤が川里に納得出来ない理由もよくわかる。でも、川里はもううちの組員なんだ。それがどういうことを意味しているか篤、よくわかるよな?」

篤が「でも、川里は元々自分の後輩でもあります」と言って食い下がろうとすると、布井はその言葉を遮って、

「いや、いいよ。別にそれでも川里のことをシメたいというのなら。篤の好きなようにやってくれ。でもな、それをやるなら、お前がうちの組に入れ。それが条件だ。じゃないと、自

分のところの組員がやられても何もしないのかと、俺の顔が潰れてしまう」

と提案してきた。テーブルに着く前にすでにそのプランを考えていたのだろう。愚直ともいえる真っ直ぐな篤の性格を熟知した絵図を描いたものだ、布井も。篤の頭のなかにはもう、川里をシメることしかない。なので今更「じゃあ結構です」となることは絶対にない。ただ篤も布井に対してひとつ条件をつけた。

「布井さんの言っている意味はよくわかりました。でも、自分はヤクザをやるつもりは一切ありません。どの組織でもです。だから右翼団体のほうの構成員でもいいというのであれば、その条件を飲みます」

それでも布井は瓢箪《ひょうたん》から駒とばかりに喜んだ。それくらい周りから人望もあり、地元の顔役でもあった篤のことが欲しくて欲しくて仕方がなかったのだろう。俺は例え右翼団体の構成員であっても、篤がそうしたところに所属し、布井と関係を持ちつづけることには大反対だったが。

その話し合いの直後、露骨なくらいに布井の川里に対する関心は薄れ、すぐに篤と川里が会う場をセッティングしてくれた。場所は地元の「デニーズ」。ただ、まだ何があるかはわからない。俺は万が一に備えて、篤が川里と会っている間、後輩たちを引き連れてデニーズを取り囲むようにして待機した。

篤は店内に入り川里を見つけるや否や、店内であるにもかかわらず川里のことを殴りつけた。すると川里は突然泣き出し、何度も何度も謝ってきたという。そんな川里の姿を見て篤は拍子抜けして、それ以上殴る気も失せてしまったそうだ。ケンカっ早いが情に流されやすい。それが篤だった。

これで篤の目的は無事に達成したのだが、一件落着とはならず、俺をも巻き込んだもうひと悶着が待っていた。

描き切った絵

川里にクンロクを入れた後、篤は「いくら右翼団体の構成員とはいえ、なぜ布井さんなんかの下にいなければならないのだろう」と毎日疑問を抱くようになっていた。川里をシメるという目的を達成したことによって、やっと冷静になれたのだろう。そもそも布井は、篤が立てるような人間ではなかった。常に自分ファーストでお金にもがめつく、ヤクザ云々の前に人間性に問題があった。

内に抱いた疑問が限界まで膨れ上がったのか、「馬鹿らしい」と言って篤はある日を境に布井からの電話を一切取らなくなった。そんな篤に俺が心配の声を掛けると、篤はあっけらかんとした態度で「もうかったるいから布井さんと関わるのやめるわ。これ以上関わっても意味ないだろ」と答えた。

もちろん、布井は激怒した。突然音信不通になった篤に対し怒り狂った布井は、川里に命じて調布市方面の若い連中を駆り集め、篤の実家の周りを連日族車で走り回らせた。その嫌がらせに対し篤もまた、「許せねぇ！　調布のクソガキどもめ！　皆殺しにしてやる！」と激高したが、立場上表立って動くに動けない状況。その心中は俺にも察することが出来た。

だから俺は篤に、こう提案してみた。

「篤君の名前を出して報復に出られないのであれば、関東連合の名前を前面に出して篤君の代わりに動きますよ。布井さんは他元の若い連中を集めてうちの地元を走らせているわけですから、関東連合の人間としてはそいつらのことを狩る大義名分はありますよね」

篤はそれに対し、「俺の問題だから太一のことを巻き込みたくない。俺のために無茶はしないでほしい」と言ったが、多少強引ではあっても最終的には了解を得ることが出来たので、早速その日から俺は行動を起こした。

まず、俺の地元を族車で走り回った連中の特定から手をつけた。調布には知り合いが何人もいたので、それは思った以上に簡単な作業《タスク》だった。すぐにその集団のリーダー格の宮城という人間の携帯に連絡を入れた。

「お前が宮城か？　関東連の石元だ。何の理由で俺が連絡してるかわかってんだろ？　よくもうちの地元を堂々と走り回ってくれたな。それがどういうことかわかるよな、馬鹿じゃねぇなら？　お前ら何人集めてもいいから、今から会おうぜ」

そう脅しつけて電話を切った直後だった。逆に今度は布井組の人間から俺のところに電話が入った。

「石元か？　何だかうちが面倒を見ている人間のことを脅かしてくれたみたいだな」

過去に俺がその組員と話した時とは打って変わって、非常に凄んだ声だった。よほど頭にきたのだろう。だが、そんなリアクションがあることも織り込み済みだった。

「はぁ？　当たり前じゃないですか。あいつら、何の断りもなくうちの地元を走ったんですよ。自分らに狩られて当然ですよね。もし自分の呼び出しに応じないなら、見つけ次第ひとりずつさらっていきますから。あいつらには『覚悟しとけよ』と言っておいてくださいよ」

「お前、それはうち（布井組）にケンカを売ってるってことか？　いいか？　あいつらはうちの指示で走ったんだ！　だから何か文句があるんだったら直接うちに言ってこい！」

売り言葉に買い言葉で段々とヒートアップする。相手の怒声につられて、俺の声量も自然と上がる。

「だから今こうして言ってんだろ!?　俺の声が耳に届いてねぇのか？　そもそもテメーらからケンカを売ってきたんだろ!?　だからこっちはそのケンカを買ってやるって言ってんだ！もう面倒くせぇから、その連中を連れてお前も来いよ！　まとめてやってやるからよ！」

「石元！　お前ヤクザ敵に回して後悔すんなよ！　どうせ原島（篤）のこともどこかで匿ってんだろ？　あぁ？　お前も原島も必ずさらってやるからな！」

相手は腹が立ちすぎたためか、最後は捨て台詞を吐くようにして一方的に電話を切った。

それから20〜30分後、調布に乗り込む準備をしている俺のところに、今度は布井から連絡が来た。

「太一か？　ちょっとお前と直接会って話したいことがあるんだが、今からひとりでうちの事務所に来れるか？」

「今すぐですか？」

「ああ、今すぐだ」

「わかりました。今から向かいますよ」

篤にそのことを伝えるといらぬ心配をかけてしまうと思った俺は、その場にいた後輩たちにだけ布井の事務所に行くことを伝え、アジトとして使っていた家を出た。

布井の事務所に着くと、好戦的な態度で身構えている俺のことを和まそうとしたのか、すぐに布井が笑顔で、「よく来てくれたな、しかもひとりで。本当にひとりだけで来るとは思ってなかったぞ」と声を掛けてきた。同じ部屋のなかにいた組員たちが異様に殺気立っていたからか、余計に布井の声が明るいトーンに聞こえた。

「ただ言われた通りに自分は来ただけです」

素っ気なく答えると、布井は組員と顔を見合わせて笑った後、本題に入ってきた。

「俺が聞いた話によると、うちが面倒を見ている若い連中のことをお前は気に食わないみたいだな」

「はい。これからひとりずつ狩っていこうかと思っています」

「……それはやめておけ。あいつらはうちが面倒を見ている人間だ。それがどういう意味か、お前もわかっているだろ?」

「でも、連中は何の断りもなくうちの地元を走りました。自分も関東連合という看板を背負っている以上、見過ごすことは出来ません」

「それは俺がやらせたことだ。俺から逃げ回っている篤のことをおびき出すためにな」

「お言葉を返すようですが、ヤクザに縄張りがあるのと同じで、自分たちにもそういったものがあります。それがこの地元です。どのような理由があろうと、地元をよそ者に堂々と走られてしまっては、自分たちの顔が立ちません。布井さんこそ、そのことはわかりますよね?」

「ああ、もちろんそれはわかるが、今回に限っては特別な事情があってのこと。もう今後は走らせないから、今回の件は水に流せ。うちが面倒を見ている連中に手を掛けるようなことはやめろ」

俺の目的は篤の実家への嫌がらせをやめさせること。すべてはこの言葉を引き出すためだったから、それ以上ごねる理由はなく、落とし所としてはベストだった。

「……わかりました。もう金輪際、あいつらが地元を走らないというのであれば、自分も今後あいつらに手を出すことだけはしないと約束します」

俺の言葉を聞いた布井は、満足そうに頷いた。するとその直後、組員が突然「あれはお前のところの人間じゃないのか？」と言ってきたのでその視線を追うように事務所の窓から外を見ると、事務所が入る建物のエントランスの前に後輩がふたり立っていた。それを見た布井は、「お前のことが心配できたのだろう。いい後輩を持ったな」と言った。

「そうですね……自分は先輩思いのいい後輩を持ちました。こんな好き勝手ばかりする先輩にいつも黙って付いてきてくれるのですから」

俺はそういって事務所を後にした。外で待ってくれていた後輩たちには礼を言うのと同時に、話し合いの結果についても伝えた。

「こういったことはあまり欲をかくのもよくないからな。落とし所を間違えると、物事というのは泥沼化する場合もある。戦争だってはじめるより、終わらせることのほうが難しいだろ？　ただ……篤君の実家の周りを走ったことだけは連中に後悔させないといけない。まぁ任せておけ。俺にいい考えがある」

　後日、俺は再び宮城に連絡を入れた。

「もう2度と走らねぇんだから、単車なんか持ってる意味ねぇだろ。俺が5千円でお前の単車を買ってやるよ。どうだ？　嬉しいだろ？」

　強引に理屈をつけて、俺は宮城からGSX250Fというバイクを没収した。政治家や官僚が使うご飯論法の類いの言葉遊びの一種だが、布井との約束通り、俺は〝手は〟出していない。もう2度と暴走行為をさせないという約束を守らせるために、ただバイクを没収しただけだ。そのことを知った布井はすぐに俺に連絡をしてきた。

「いやぁ、いい買い物させてもらいましたよ」

　嫌みたっぷりな俺の言葉に布井は、

「お前もやってくれるよな……これで満足か？」

　と、してやられたとばかりに笑っていた。ちなみに、その後篤と布井は和解し、以前のようなただの先輩後輩の関係に戻った。正真正銘の一件落着だった。

不良界を震撼させた自宅襲撃

関東連合は、昔からひとつにまとまっていたわけではない。

なかには殺し合いに近い対立を経て関東連合グループに加わった者たちもいる。

まず有名なところでは、俺より2歳上の鬼面党の南山と鐘井というメンバーだろう。ふたりは元々「魔天使」という関東連合とは関係のない単独チームで活動していたのだが、活動拠点が杉並区や世田谷区だったこともあって、見立が率いる永福町ブラックエンペラーと、柴田が率いる宮前愚連隊と事あるごとにぶつかっていた。魔天使のふたりは吉祥寺に溜まっていた永福町ブラックエンペラーのメンバーに襲撃を仕掛けたり、相手チームがよく利用していた道路で検問を張ったりして徹底抗戦を続けていた。

だが、魔天使壊滅へと本腰を入れはじめた関東連合グループに自宅襲撃という荒技を仕掛けられた。

東京連合と山谷連合が竹中君の実家に仕掛けたような生やさしいものではない。ふたつのチームが行ったのは、自宅内まで侵入しての徹底した襲撃だった。その時、南山の父親と実

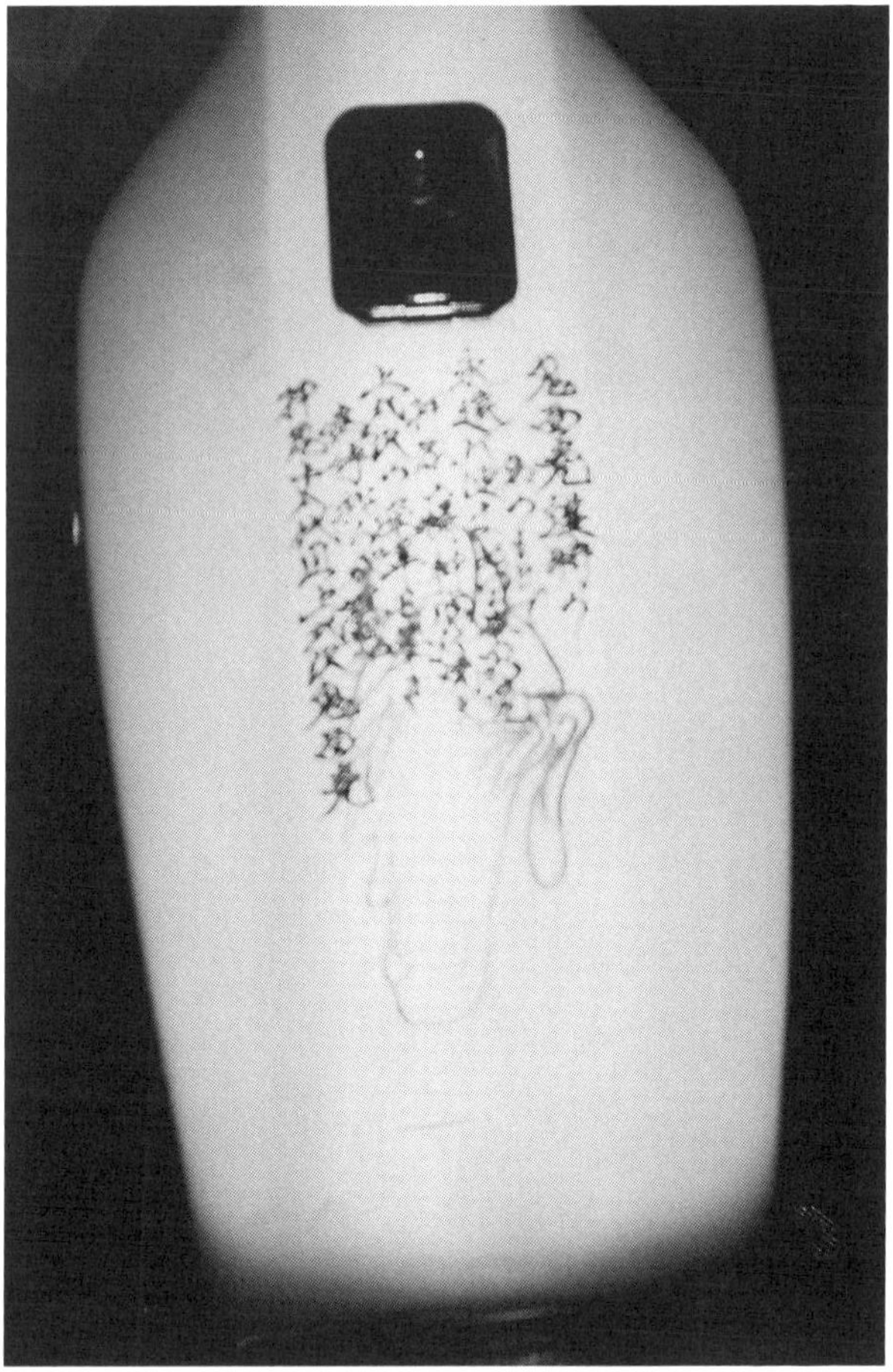

タンクに般若の顔と言葉を書き込んだ鬼面党仕様のＦＸ

兄が自宅にいて、3人で力を合わせて抵抗したため最悪の事態までには至らなかったそうなのだが、「自宅にいても安心出来ない」という事実に精神的なダメージは相当だったと聞く。後に市川海老蔵（現・團十郎）さんがリオンから暴行を受けて警察に被害届を出した際、調書に「自宅に戻ってすぐに妻の安否を確かめた」「関東連合はそこまでやる連中だと聞いている」といったようなことを書いていたが、その「南山家襲撃事件」のことをどこかで聞いていたのかもしれない。

その後、魔天使のふたりにとって事態は更に暗転していくことになる。南山の後輩でもあった清園君が、柴田たちに情報を流して魔天使のふたりは誘き出される。そして奇襲を受けたふたりはついに拉致され、書くのも憚られるような関東連合流の苛烈な拷問を受けることとなった。ふたりはその後、上北沢鬼面党のメンバーとして関東連合に加入することになったのだが、そのような過酷な経験をしたからか、ふたりは関東連合内でも屈指の武闘派、イケイケで鳴らした。

今日の友は明日の敵

他にも身内同士の対立はあった。それはまだ俺が関東連合に加入する前、15歳の頃の話だ。当時、上町小次郎に現役はひとりもいなかったのだが、ある日を境に用賀喧嘩會に所属していた清園君と成宮という俺の1歳上のメンバーがチームを抜けて小次郎を復活させることになった。もちろん見立や柴田の許可を得ての上で、だ。

なぜ突然そのようなことになったのか。理由は用賀喧嘩會のOBからの度重なるカンパや頻繁に行われるヤキが煩わしく、「どうせ不良をやるなら、ニグロ（パンチパーマ）を巻いて関東連合としてびしっとやりたかった」というものだったと聞く。

確かにその頃の用賀喧嘩會のOBは後輩に異常なほど厳しかったと、その世代のリーダーだった良月君から直接聞いたことがある。

ある時、良月君たち用賀喧嘩會のOBが、ちゃんと襲撃に出てくるか俺たち千歳台ブラックエンペラーのことを試すために、抜き打ちで千歳烏山までバイクで走りに来たことがあった。すぐに「地元をどこかの暴走族が走っている」という情報が入った俺は、深夜で風呂上がりの状態だったが着の身着のままケイを連れて襲撃に出かけたのだが、千歳烏山の駅周辺でかち合ったのは良月君たちだった。俺とケイが驚いていると、良月君はスウェットにナイキのイエローカラーのエアマックス95という出で立ちの俺に向かって、「太一はいいよなぁ。俺の時はそんなレアなスニーカーを履いているだけでぶっ飛ばされて先輩に取られたぜ」と笑いながら言ってきた。確かにその出来事と符号する話を他の用賀喧嘩會のOBから聞いたことがある。

俺が成人してから、たまに良月君に誘われ都内のクラブに遊びに行くと、その時決まって玉木君の姿があった。

俺が、「玉木君も本当に優しいですよね。良月君とクラブに行くとケンカになることが多々あるのに、いつも必ず最後まで付き合ってあげるじゃないですか。玉木君は良月君のことがそれだけ好きなんですね」と言うと、玉木君は多少の照れ隠しもあったのかもしれないが、「良月の誘いだけは断りづらいんだよ。あいつが現役の時、本当にひどいことをしてきたから。ヤキもそうだけど、良月が新しい服でも着てようものなら、俺たちOBがすべて取り上げていたからな。だから今でも良月から『あの時は……』なんて言われると、何も言い返せなくなっちゃうんだ」と笑いながら言っていた。OBも認めるくらい、良月君は用賀喧嘩會の過酷な現役生活を乗り越えてきたのだろう。

繰り返すが、関東連合グループは「チームを抜けます」「はい、そうですか」となるほど甘いグループではない。当然用賀喧嘩會を抜けようとした清園君たちも壮絶なヤキを受けた。そして後日、清園君は用賀喧嘩會に残った良月君と杉並区の方南町のとある神社で完全な決別とけじめのため、見立と柴田の仕切りのなかタイマンを張ることとなった。佐久間君は見立に誘われ、その決闘に立ち会ったという。関東連合のOBである見立と佐久間君のふたりはきっと、小次郎のメンバーとなった清園君側だったのではないか。そもそも昔、関東連合のOBは用賀喧嘩會に対してあまりよい感情を抱いていなかったと聞く。なので、用賀喧嘩會のOBたちに自分たちの立ち位置を教えるための、代理戦争的な意味合いも、もしかしたらあったのかもしれない。

清園君は幼少期から柔道をはじめ、数々の五輪メダリストを輩出した柔道私塾「講道学舎」の出身。古賀稔彦さんや吉田秀彦さんなど、多くの有名な柔道家がそこでしのぎを削っている。今でこそ部活動での体罰や角界でのかわいがりといった独特の慣習が完全否定され問題視されているが、90年代はそれが当たり前のように横行し、まるでその通過儀礼を経ないことには一流になれないとばかりに指導者も良しとしていた。俺の小学生時代の同級生のなかにも講道学舎に入っていた友人がいたのでよく学舎の話を聞いていたが、確かにそこでの生活や練習内容は「日本一過酷な練習」と言われるだけあった。清園君はいくら〝学舎崩れ〟とはいえ、そのような日々を耐え抜いてきた人間なのだから弱いはずがない。互いに服を着たコンクリートの上というストリートでは、まさに無類の強さを誇った。

そんな清園君と良月君のタイマン。お互い一歩も引かなかったという。まったく決着がつかず長い時間やり合ったため、柴田が途中で止めに入ったそうなのだが、ガキの頃から柔道ばかりをやってきた柔道エリートの清園君に対し、特にこれといった格闘技経験もない良月君がそのように対等に渡り合っていたのだから、ただただ驚くばかりだ。「ケンカの強さとは何か？」と改めて考えさせられる。

そのタイマン後、清園君率いる小次郎のメンバーたちはOBを含めた用賀喧嘩會を潰すためによく相手のホームタウンであった二子玉川方面に襲撃に行っていたという。もちろんその逆もしかりで、用賀喧嘩會のメンバーも相手を殲滅しようと活動していた。

つい先日まで仲間同士だった人間が、OBの命令で殺し合いのケンカをする。そこまで徹底的にやり合うことになるのだから、不良の世界というのは本当に酷だ。

2015年に日本最大の暴力団である山口組が分裂し、昨日まで兄弟分だった者同士がタマを取り合うことになった。そのニュースに初めて触れた時、用賀喧嘩會と小次郎の決裂を思い出さずにはいられなかった。俺たちが三鷹スペクターのメンバーとともに行動することになったくだりで「昨日の敵は今日の友、だなんてよく言ったものだ」と書いたが、その逆も起こり得るのだ。

その後すぐに五反田で起きた全狂連との抗争事件があったため、柴田をはじめとした関東連合のメンバーたちは全員逮捕された。もちろん小次郎のメンバーもだ。見立も柴田も社会不在となっている間、宮前愚連隊のOBと用賀喧嘩會のOBが仲良くなり、用賀喧嘩會は正式に関東連合グループ入りすることとなった。全狂連との抗争事件で逮捕されていた清園君が少年院を出院後にその状況を見てどう思ったのか……それは読者の想像に委ねたい。

ふたりが成人後は、用賀喧嘩會と小次郎のメンバーはくっきり明暗が分かれた。関東連合の主要メンバーとなったのは用賀喧嘩會のメンバーたちだった。

当時小次郎側に立っていた見立や柴田が認めていたのも用賀喧嘩會のメンバーで、良月君に限っては一匹狼ながらグループの中心人物にまでなっていった。

世田谷に潜んでいた隠れ全狂連

全狂連には「ZERO」というチームがあった。ブラックエンペラーと同じで、「ZERO 神」「ZERO 忍」などいくつかの支部があるチームだ。

全狂連は品川区や大田区などを拠点に活動しているグループなのだが、なぜかZEROのなかに世田谷区在住のメンバーがいた。しかもそのメンバーの年齢は20歳だという。OBではなく現役のメンバーでだ。

そのメンバーが自宅前でバイクをいじっているという情報が入り、1度用賀方面まで出向いたことがあった。

情報通り家の前でのん気にバイクをいじっている人間が確認出来たので、その場でさらい、多摩川の土手沿いまで連れて行き、後輩が代表をしてヤキを入れた。

ヤキの最中、ＺＥＲＯのメンバーは「もう2度と活動しません！　すぐに（チームから）抜けます！」といった言葉を繰り返し言っていたので、途中で俺が止めに入り解放することにしたのだが、すぐに自分の甘さを痛感することとなった。その後も隠れて活動を続けていたことがわかったからだ。

その男が世田谷区の成人式に出席するという情報が入ったので、俺たちは早速式場まで身柄を押さえに行った。

世田谷区といえば俺が所属していた千歳台ブラックエンペラーの他に、上町小次郎があった。用賀喧嘩會も世田谷区を拠点としている。そのような四面楚歌の状況下で「よく隠れて活動を続けていたな」とも思えば、「堂々と成人式に参加するなんてふてぇ奴だ」とも思った。本人はバレないと思っていたのか、それとも「いくら関東連合でも成人式にまでは乗り込んでは来ないだろう」と高でもくくっていたのだろうか。

もちろん〝おかわり〟後は、さすがに改心したとは思うが。

げんなりした自分の甘さ

自分の甘さを痛感したのはその時だけではなく、別の機会にも俺は全狂連のメンバーに騙されかけたことがある。

ある時、国道２４６号を暴走族が走っているという情報が入り、俺たちは急いで三軒茶屋のほうへと向かった。するとどんぴしゃでその集団と鉢合わせた。

すぐさま俺たちは本体を急襲しようとしたが、パトカー対策でケツ持ちの役割をしていたスクーターがそれを阻止してきた。相手の運転は思っていた以上にうまく、なかなか前に出させてくれない。苛立っていると、後ろから突然1台のスクーターが現れた。スズキのアドレスＶ１００という車種に乗った用賀喧嘩會のメンバーだった。俺たちはよりスムーズに他の暴走族を襲撃出来るよう、アドレスＶ１００をよく活用していた。50ccのスクーターよりも速いからだ。他のチームでアドレスＶ１００を乗っているのは、その当時では見たことがなかった。あまり若者向きのデザインではなかったからなのだろう。そこはやはり硬派な関東連合ならではだ。見掛けなどまったく気にせず、いかに効率よく相手を駆逐出来るかが重要だった。

後から駆け付けてきたアドレスＶ１００に乗った用賀喧嘩會のメンバーはいとも簡単に相

手のスクーターの前に出ると、他の味方のスクーターとうまく連動しながら相手のスクーターをサンドイッチ状態にして転がした。相手はふたり乗りをしていたのだが、運転していた男はその場で他のメンバーから袋叩きに。後ろに乗っていた男は歩道に向かって走り出し、ガードレールを跳び越えて住宅街のほうへ逃げようとしていた。

俺はそれをひとりで追いかけた。体力には自信があったので、「必ず追いつける」と思い、焦ることなくじっくり様子を見ながら追いかけ、人気の少なくなったポイントで一気にスピードを上げて後ろから相手を捕まえ、相手の戦意を削ぐために何発か殴りつけた。そして、近くの駐車場の奥へと相手を連れ込むと、仲間に連絡をし、すぐに迎えに来るよう要請した。

仲間の到着を待っている間、俺は相手に尋問をはじめたのだが、その男はこう繰り返した。

「自分は暴走族でも何でもないんです！　許してください！」

「じゃあ何で俺たちが前に出ようとするのを煽ったりして邪魔したんだよ。おかしいだろ？」

「それは怖くて……前に出してしまったら殺されてしまうと思ったんです……」

「その話が本当なら、前を走っていた暴走族とは無関係で、別にケツモチを買って出ていたというわけではないんだな？」

「はい！　まったくの無関係です！」

馬鹿な俺はその話を真に受けてしまった。

その男の身柄はとりあえず一旦人のいない砧公園に移すことにしたのだが、様子を見に来ていたＯＢに、「こいつは暴走族でも何でもないみたいなので、解放してやってもいいですか？　見掛けはこのような感じですけど、自分にはどうしても悪い奴には見えなくて……」

と頼んだ。するとそのＯＢは、

「何言ってんだよ、太一？　これを見てみろ」

と言って、俺にさらった男の携帯電話の画面を見せてきた。

そのＯＢが携帯電話の電源を入れると、起動画面には全狂連のチーム名が一瞬だが表示された。その当時、全狂連のメンバーの間で、そういった設定にするのが流行っていたみたいだった。それを目にした瞬間、俺はそのさらった男にも、また自分自身にもげんなりしてしまった。

ここに記すまでもないと思うが、当然その後、その男はガムテープで視界を奪われた上、壮絶なヤキを入れられ、最後には車のトランクに詰められて全狂連のＯＢへと引き渡された。

嘘の代償は決して安くなかったといえるだろう。

悪そうな奴は大体先輩の友達

俺が少年院に入院している時、外である後輩が俺の名前を使ってカンパを集めていたことがあった。

「太一君が出てきた時のために金を集めてる」

そんな名目だったそうなのだが、俺がその後輩から放免（出院）祝いとして1円でも包まれたことはない。「ナメたことしやがって……」と俺が怒ったのはいうまでもない。

また違ったパターンで、名前を騙られて迷惑したことがあった。これは現役時代に限ったことではないのだが、街で誰かとケンカになった際、分が悪いと感じた相手から、よく先輩の名前を出されることがあった。

「関東連だというのなら、○○君のこと知ってるだろ？　俺は個人的にかわいがってもらってるんだぞ！　それなのにこんなことしていいのか!?」

「俺の先輩と関東連の○○君は兄弟分で仲がいいんだ。だから○○君には俺も会ったことがある。後で聞いてみろ」

などなど……挙げだしたらキリがない。

そんななかでもよく名前が出ていたのは富岡君と見立、そして玉木君だった。ＺＥＥＢＲＡが『Ｇｒａｔｅｆｕｌ　Ｄａｙｓ』という曲のなかで「悪そうな奴は大体友達」と歌っていたが、その言葉は名前を挙げた３人にこそ当てはまるだろう。

俺がまだ17歳の頃、世田谷区内で族車に乗っている人間を捕まえた時に玉木君の名前を出されたことがあった。ここであまり紙幅を割きたくないので簡単に説明するか、「玉木君と仲がいいから見逃してくれ」といった感じで助命を求められた。

他にも何人かの名前を出してきたのでその時は見逃すことにしたのだが、後日偶然顔を合わせた玉木君にその話をすると、「そんな奴知らないよ！　俺の名前を出されても気にせずぶっ飛ばして単車を取り上げればよかったのに！」と言われてしまった。俺としては「気を遣わせてしまって悪かったな」くらい言われると思っていたので、「マジかよ……」といった感じで大いに反省した。せめて相手の目の前で玉木君に連絡をするべきだった、と。

その件以降、ケンカ相手から知り合いの名前を出されても、よっぽどの確証か取れない限り基本的には好戦的な態度を維持し続けることに決めた。また後輩たちにも、こういった言葉を日頃から掛けるようにした。

「その場で確認が取れない限りはやれ」

「もし本当に知り合いだったとしても、後で謝るなりヤキを入れられればいいだけ。もし間違えても、見逃して後で後悔するよりはましだ」

「ヤクザ相手にもそう。相手にやられて『ごめんなさい』をするよりは、相手をやって『ごめんなさい』のほうがいい。不良ってのはその場で負けたら終わりだ。やるだけやって、後で治療費なり慰謝料なり払えばいい」

見立からの賛辞

もちろんそういった俺のスタイルをよく思わない先輩もなかにはいた。

これは成人後の話になるのだが、新宿の歌舞伎町のあるバーで紹介された人間から突然ヤクザの看板や先輩の名前を出されたことがあった。

その当時付き合っていた彼女の友人の彼氏ということで、その彼氏の友人たちも含めて紹介されたのだが、お酒も入っていたからか、それはそれは生意気な連中だった。彼女の友人の彼氏は矢田という名前で、後に知ったのだが、ネット上で「歌舞伎町五人衆」などと呼ばれていた人間のひとりだった。もちろん、実際にはそのようなグループは存在せず、よく歌舞伎町界隈で飲み歩いている連中をネット上でそのように呼んで神格化し、ネット住民が勝手に彼らのことをオモチャにして盛り上がっていたのだろう。

矢田という男は、自分の彼女から俺が関東連合のOBだとでも聞いていたのか、初対面の俺相手に会って早々ヤクザの看板を出してきた。だが、それにまったく動じない俺のことが気に食わなかったのか、今度は見立と三鷹スペクターの宍戸というOBの名前を出してきた。しかも呼び捨てで、だ。本人いわくだが、ふたりとは一緒に食事をするくらい懇意にしているという。

恋人の前でいい格好をしたいだけなのか、それとも単にマウントを取りたいだけなのか、とにかく手を替え品を替え俺のことを萎縮させようとしているのが透けて見えたため、俺は、

「あぁ？　それがどうしたんだよ？　見立も宍戸も今関係ねぇだろ？　そんなにふたりにすがりてぇなら今ここに連れてこいよ！」

と言ってブチギレた。

まさか俺にそのような態度を取られるとは思っていなかったのか、矢田は絶句。

そんな時だった。リオンが遅れて店内に入ってきたのは。

元々その日俺は、リオンたち後輩と一緒にお酒を飲んでいたのだが、彼女から「紹介したい人がいるみたいだから一緒に顔を出してくれない？」と頼まれ、先に別の店に移動していた。そこにリオンも付き合ってくれたのだが、リオンが俺の隣に腰を下ろした瞬間、矢田の連れがその対面に座り、リオンのことを指差しながら、

「こいつのこと、やってもいいの？」

と矢田に向かって言い放った。

「やってもいいの？」とはつまり、「殺る」ということだ。俺やリオンがどのような人間なのか、まったくわかっていなかったのだろう。

こういった時の俺たちの判断は早い。瞬時に戦闘態勢に入ることが出来る。それは昔から習慣付いたものだ。相手の言葉を聞いた瞬間、我慢の限界に達した俺は「やるぞ！」とだけ言って立ち上がり、リオンとともにその場にいた全員を容赦なく血祭りに上げた。

あまりに派手にやりすぎてしまったせいか、「こいつのこと、やってもいいの？」と発言

した男は、その場で意識を失ったまま病院に運ばれ、100針近く縫う大けかを負ったと後で聞いた。背中の立派な刺青《イレズミ》が見るも無惨な状態になったそうだ。

次の日、警察も矢田のケツを持っていたヤクザも動く大事となったのだが、すぐに蓋は閉まった。詳しいことは省くが、俺の親友の尽力により、ケンカが起きた2日後には問題は解決した。

それよりもここで触れたいのは、そのケンカ後の見立と三鷹スペクターのOBの言動の違いについてだ。

三鷹スペクターのOBは後日俺に電話を掛けてきて、「太一、矢田に『宍戸のことなんて関係ねぇ！　連れてこい！』って言ったの？　ひどくない？」と言ってきたのだが、対照的に見立は「そいつのことは1度知り合いを通じて紹介されたことがあったっぽいけど、よく覚えてねぇよ。それなのに俺の名前を出すなんて、気持ち悪い奴だね。そういう奴はやって正解でしょ。よくやった」と笑いながら言ってくれた。

見立は俺の父と一緒で、根性のある人間やケンカの出来る人間が大好きだ。だからか、ヤクザの看板や先輩の名前に臆することなく好戦的な態度をとり続けた俺に対し、手放しで賛辞を送ってくれたのだろう。

容赦ないヤキ

俺が社会不在になっていた間、他のメンバーが続けて失態を犯してしまったことがあった。といっても、「先輩からの呼び出しに遅れた」や「環状八号線を他の暴走族が走っていた」といった類いのものであったのだが。

この時期、何かある度に砧公園の近くの「デニーズ」に俺たちはよく呼び出されていた。その日もデニーズの駐車場に呼び出されたので、鑑別所から出たばかりの俺がケイと後輩たちを引き連れて久し振りに先輩のところに顔を出すと、そこには多くの先輩たちが顔を揃えており、ただならぬ雰囲気を醸し出していた。

案の定、着いてすぐに俺以外のメンバーは全員が横一列に並ばされ、端から順に何度も何度も先輩たちから殴られはじめた。そして一息ついたところで玉木君が俺にこう言ってきた。

「太一がいないとダメだな。全員腑抜けていたぞ」

確かにヤキの最中、ケイや後輩たちは先輩から「おい！　太一がいなかったらお前ら何も出来ねぇのか！」といった怒声を浴びていた。

実際のところは、後輩たちは俺がいない間も頑張って活動していたと聞いた。俺が思うに、問題はケイにあった。元々ケイはリーダーシップがあるタイプではなく、誰かにひたすら付いてゆくタイプの人間。俺が逮捕され社会不在となってからは後輩たちと一緒にいる時間も激減していたらしく、後輩からもそのことについて、「太一君がいない間、ケイ君は友人の都山という奴とばかりつるんで、自分たちのところにまったく顔を出さなくなったんですよ……」といった相談は受けていて、俺はケイに対して「いい加減にしとけよ、この野郎！　俺がいない時にテメーが仕切んないで、一体誰が仕切んだよ！」とクンロクを入れていた。そして、「今後、また俺が社会不在となった時でもうまく回るようにしないとな……」と考えている矢先に問題は起きた。また似たようなことが続き、先輩を怒らせてしまったのだ。

再びいつものデニーズに行くと、先輩から、

「太一は店のなかで待ってろ」

と命じられた。俺がひとりで店内で待っていると、数分後ケイが店内に入ってきた。側頭部の辺りを押さえながら、足を引きずっていた。どうやらその時は金属バットでヤキを入れられたようだった。その後、ケイに続いて後輩たちも店内へと入ってきたが、感覚が鈍いと

思われるケイ以外は皆、苦悶の表情を浮かべていた。

俺はそれを見ていたたまれなくなり、ひとり黙って店外に出て、ヤキを入れていた先輩に頭を下げた。

「きっと自分にも原因があると思うので、自分も皆と同じようにヤキを入れてください」

俺がそう言うと、その先輩は、

「さすがだな……わかった、太一は一番最後だ」

と言って、残ったふたりの後輩に対するヤキを俺の前で続けた。

ひとりの後輩はヤキの最中なかなか立ち上がらず根性がないように見えたが、もうひとりの後輩は倒れても倒れても何度も立ち上がり、過酷なヤキを頑張って耐え抜いていた。「偉いな……俺が思っていた以上に根性があるんだな」そう思わずにはいられなかった。

後輩へのヤキがすべて終わり、その先輩とふたりっきりになると、俺が不在時に起きたことの説明を受けた。

「やっぱりあいつらにはまだお前が必要なんじゃないか」

そんな言葉の後ヤキを入れられたのだが、幸い俺には金属バットは使われなかった。だが、

100キロ近い体重がある先輩のフルスイングのパンチを後ろに手を組んで受けるのは、金属バットで殴られるほどの衝撃があった。しかも全弾が顔面への打撃。俺は途中から殴られる度に膝をついたり倒れるようになったが、気合いと根性で素早く立ち上がった。後輩たちの頑張っていた姿を思い出すと、自然と俺の足にも力が入った。するとヤキを入れていた先輩は、「やっぱり太一が一番気合い入ってるな。立ち上がるのが一番早いぞ」と言って、余計に張り切り出した。正直、そんな先輩の姿を見て俺は、「おいおい……そんなに鼻息荒く張り切らないでくれよ」と思ったものだった。おかげで、次の日アゴが痛すぎて固形物を一切口にすることが出来なかった。

一方でケイは金属バットで叩かれた足がさすがに痛むのか、手すりなしでは階段を上がることも出来なくなっていた。そんな姿を互いに見ては、「こんな状態でどうやってケンカすればいいんだ？　敵対しているチームを潰しにいっても、返り討ちにされちまうよな」と言って笑い合った。

街の顔役

俺が中等少年院を出院してから、河田という10歳上の関東連合のOBと接する機会が増えた。

当時は見立より河田君が関東連合を仕切っていたという印象が俺にはある。河田君はいつも渋谷や六本木にいたため、それに伴い、俺たち現役メンバーも渋谷や六本木に頻繁に呼び出された。

渋谷は関東連合のテリトリーで、俺も関東連合に加入してからは飽きるほどいた街だ。だが、河田君といる時はその見慣れた街も普段とは違った雰囲気に変貌した。

センター街にあった「ファーストキッチン（現・ウェンディーズ・ファーストキッチン）」の前辺りで、大勢の現役メンバーが横一列に並んで立っているところを河田君がリムジンに乗って現れる。

その脇にはモデルのような外国人の女性たちと黒人のセキュリティのような大柄な男が常にいた。そして取り巻きには当時若者たちの間で大流行していた『東京ストリートニュース』

や『ｅｇｇ』のモデルたちの姿もあった。その取り巻きの人間が羽目を外したり何か悪さをすれば、締め上げるのは俺たち現役メンバーの仕事だった。もちろん男相手に限っての話だが。

そんな関東連合という集団のことを、格闘技界や芸能界の重鎮、不動産業界などの有名な社長たちも非常におもしろがっていた。街の若者に多大な影響力を持ち、ヤクザよりも恐れ知らずで警察に捕まることも厭わない集団。まるで異形の者でも見るかのようにその目にはおもしろく映っただろうし、そんな集団に対し、何かしらの旨味やメリットを嗅ぎ取った人たちも多かったはずだ。

ちょうど世のなかが暴力団排除に傾きはじめていたというのも、関東連合にとっては追い風となっていた。河田君も計算高い人間だったので、そのことをよく理解した上でＶＩＰの人たちと付き合いをしていたように思う。互いにウィンウィンになるように。

まだ27歳かそこらの若者が、日本で一番若者と情報が集まるといわれる街を裏で牛耳り、ものすごい人脈を構築していた。日本のどこを探しても、当時そんな27歳は他に存在しなかっただろう。

武器マニアでサディスト

河田君は1990年代、当時の渋谷で一番有名だった「PBB」というチームを創設した中心人物でもある（チーム名の由来は「プリティー・バスト・バスト」という造語から来ているそうだ。後にPBBは河田君から独立し、チーム名を「HELLS」と変えることになる。前述の通り、そのひとつ下の世代が自分たちで立ち上げたのが、東京中のチーマーから恐れられた「TOP-J」だ）。

河田君はメンバーとして活動をしていたわけではなく、チームのケツを持っていただけなのだが、PBBのメンバーはよく河田君に連れ回されたという。そのメンバーが、篤をはじめとした地元の先輩たちであったので、関東連合に加入する前から俺は河田君の名前をよく聞いていた。どのような人物なのかも。

河田君は武器マニアで有名で、新しい武器を入手するたびに、それをPBBのメンバー相手に試していたそうだ。

ある時河田君がPBBのメンバーが溜まっている場所に大きなものを背負って現れたこと

があったという。それを目にした瞬間、メンバーの間で「おい……河田君、また何か持ってきたぞ……」「何か変なものを背負ってないか？」という言葉が飛び交ったそうだ。

そこからが地獄の人体実験のはじまりだった。

河田君は両手に金属の棒のようなものを持っていたそうなのだが、その金属の棒の間を激しい電流が走っていたという。

「おい、お前たち、そこに一列に並べ」

そう河田君からぶっきらぼうに命じられ、横一列に並んだメンバーたち。その列の一番端に立っていたメンバーの首の両脇に河田君が金属の棒をすっと差し出すと、次の瞬間そのメンバーは痙攣を起こして気絶。そんなことを端の人間から順々にやっていくのだから、悪趣味な人体実験以外の何物でもない。

河田君は一時期アメリカンピットブルを飼っていたのだが、この犬がまたとんでもなく狂暴にしつけられていた。河田君が得意の英語で「ＫＩＬＬ！」と命じた瞬間、指さした人間に向かって凄まじい勢いで襲い掛かってくる。俺も河田君の悪ふざけで噛み付かれたことがある。幸い着ていたジャージの袖を食いちぎられそうになっただけで済んだが。その時はエンセン井上さんが格闘技の技術を教えてくれるとのことで、稽古場の近くであった新宿のアルタ前に10代の不良を30〜40人ほど集めていた。後にも先にも、そのような大人数の若者が見守るアルタ前でピットブルと格闘したのはこの時1度だけだ。

仕掛けられた爆発物

河田君の逸話はまだある。

ある時河田君とPBBのメンバーが渋谷のセンター街を歩いていると、他のチームのメンバーが溜まっていたことがあったという。

が、河田君はただ黙って通り過ぎるだけで何もしない。

河田君と一緒に歩いていたPBBのメンバーが「河田君、一体今日はどうしたのだろう……」と不思議がっていたその矢先だった、後方で爆発音がしたのは。

その爆発音とともに河田君は大きな声で笑い出し、「あ〜あ、だから言ったのに、『今日はあそこに溜まんなよ』って」と、独り言をつぶやいたという。

相手を負傷させるためではなく、脅かすための簡単な爆発物をPBBのメンバーに命じてセンター街に仕掛けていたそうだ。確かに当時の河田君なら、そういったことも平気でやりかねない危なさがあった。

俺が現役だった頃、よくバイクでセンター街のなかを走り回った。

そのバイクの騒音と金属バットが地面に当たる「カランッ！　カランッ！」という音が聞こえはじめた瞬間、センター街にたむろしていたチーマーたちが「関東連合が来たぞ！」とばかりに猛ダッシュで駆け出す。まるで蜘蛛の子を散らすように。

だが、河田君のそういった話を聞くと、そんなのもかわいく思えてしまうから不思議だ。

河田君はそんなファンキーな人物だったので、当時ニュースなどで騒がれた、「矢ガモ事件」（東京都の石神井川で、クロスボウの矢で射られたオナガガモが発見された事件）があった時は、「あれは河田君の仕業だ」という噂が真しやかに囁かれた。

恐喝屋

河田君は、ガジる（恐喝）のも得意な人だった。元関取からガジったこともあった。河田君は酒席を共にしていた元関取とトラブルになり、酔った相手から暴行を受けて和解金を吹っかけた。その時は水面下で2千万円近いお金が動いた。その件に関しては酒癖が悪く、その場で暴れるなどの狼藉を働いた相手に原因があったとは思うが。

別の件もある。

有名人材派遣会社の元会長の弱みを握った河田君は、元関取の時以上の金額をガジろうとしたが、柴田が間に入り、その時はうまい落としどころを見つけて話を終わらせていた。それを機に、河田君が元会長から任されていた西麻布の会員制のバーを、一時的にだったが柴田が代わりに管理することとなった。そこは外国人のモデルや芸能人の溜まり場のようなところだった。

河田君の恐喝は、それだけにとどまらない。

俺が成人後のある時、見立から誘われ六本木で河田君と一緒に食事をする機会があったのだが、その席で、ある国の在日大使の息子が日本で殺人事件を起こしたのを知って恐喝をかけたという話を河田君本人から面白おかしく聞かされた。

一般の感覚からすれば、「本当の話なの?」と半信半疑になると思うのだが、外国人にも顔が広く、警察から絶対に停められることのない外交ナンバーの車のなかで堂々と大麻を吸ったりする河田君のことだ。特段驚きはなく、河田君のことをよく知る見立ても「相変わらず何やってるんですか」「河田君らしいな」と言って面白がっていた。実際に後日、その件はニュースで「代々木公園で殺人事件」という見出しで取り上げられていた。そういった話に事欠かないのが河田君という男だった。

芽生えなくなった恐怖心

現役の頃は、よく河田君に命じられてヤクザや外国人ともケンカをさせられた。詳しい事情を何も聞かされないまま、不良外国人の溜まり場に突っ込まされたりと、本当に無茶をさせられた。もちろん時には相手から激しい抵抗を受け、突然道具を出されることもあった。

河田君が外国人の友人たちとクラブのイベントに顔を出した時なんかは、人混みのダンスフロアのど真ん中にテーブルとイスを用意させられ、その周りを俺たちが守るように取り囲んだこともあった。はっきり言って、それは異様な光景以外の何物でもなかった。その時は、一体何事かとおもしろがって近づいてくる外国人を俺たちがひたすら排除した。

そう、エンセン井上さんが試合会場でグレイシー一族の人間に無礼な態度を取られたということで、宿泊先の新宿ヒルトンホテルまで関東連合のOBも含めて乗り込んだこともあった。後にエンセンさんが、「各エレベーターが開く度にスーツを着た男たちが大勢降りてきたから驚いた」と語っていたが、その時は人数が多かったので、俺たちは数機のエレベーターに分乗して目的のフロアへと向かった。もちろん暴行を加え拉致することが目的だったのだが、直前にこちら側の動きが相手側に漏れ、マネージャーらしき男が本人を逃してしまっていた。だが、その日の出来事を境に、ブラジル同様日本もそれなりに危ない国だということは、相手もよく理解したことだろう。

そのように俺は10代の頃から不良外国人やヤクザと幾度となくケンカをさせられてきたからか、気づいた時には恐怖心というものが一切芽生えなくなってしまっていた。感覚の麻痺だ。もちろんそれは、俺の生まれ育ってきた環境の影響も多々あると思うが。

まくられたリーダー

そんな河田君もある時、見立の世代からケツをまくられることになる。

河田君は情やカリスマ性で下を束ねるタイプではなく、どちらかというと見立と同じで、暴力や恐怖心をうまく使って周囲をコントロールするタイプだった。

俺が知っている河田君はそこまでではなかったが、俺の4～5歳上の人間たちが、「昔の河田君は下手を打った人間の目ん玉をえぐろうとするくらい厳しかったからね」などと言っているのを何度も聞いたことがある。下の人間に対しては昔から本当に厳しい人だったのだろう。

河田君はそれに加えて金銭面でもいただけないところがあったと聞く。

俺が抱く河田君のイメージはセレブといったものだが、河田君と一緒に仕事をしていた見立の世代の人間からすれば、決してそうではなかったようだ。先輩たちから話を聞く度に、「なるほどな、それはケツをまくるよな」と納得させられた。

河田君は先方からもらった報酬などをすべて自分のポケットに入れてしまうという。どうやら河田君の頭のなかには〝分け前〟という言葉も文化もまったくないようだった。

関東連合のOBがプロデュースして大ヒットした鼠先輩の『六本木～GIROPPON～』。その歌詞に出てくる「ぽ～ぽ～」というのは、河田君が分け前を〝ぽっぽ〟（自分のポケットに入れるという意味）してしまうことからつけられたというのは、関東連合のなかでは知られた話だ。

また、河田君のために体を懸け懲役に行くことになった先輩がいたのだが、その先輩が務めている間も出所した後も河田君は一切何もしなかったという。だからか、見立の世代が河田君とその側近の人間のことを追い込んだ時、誰も河田君の肩を持つ者はいなかったそうだ。

見立の世代が河田君のケツをまくった後、見立の世代は緩い付き合いは続けていたようだが、俺が河田君と会うことはほぼなくなった。

関東連合が絶大な影響力を持てた理由

関東連合がなぜこんなにも連戦連勝を重ね、不良の世界のヒエラルキー、食物連鎖のトップに立てたのか。その答えはここまで読んでいただければ理解してもらえると思うが、最後に改めて深堀りをしてみたい。

まず最初に、俺と世代の近い関東連合のメンバーの生い立ち、家庭環境について触れたい。

もちろんなかには母子家庭で育った人間もいるが、多くは至って普通の中流階級の家庭で育った者で、俺のように親がヤクザの親分だったという者はひとりもいない。特別裕福な家庭で育ったという者も、だ。なので、社会進出するにあたってメンバーの誰ひとりとして最初から何かアドバンテージがあったというわけではなかった。

では、なぜそのような〝何も持たざる者たち〟があのように社会進出し、成り上がっていけたのか。

第一に挙げられることが、俺たちが単純にケンカや抗争などの争い事に強かったということ。これが一番重要な要素だったと思われる。ヤクザであれ、マフィアであれ、不良の世界では弱い者には誰も従わず、強さが最重要視される。

そして、俺たちが不良の世界のなかで飛び抜けて強くなれた理由は、クリエイティブで禁欲的だったから。そこに尽きると思う。

どうすれば抗争相手に負けないかだけではなく、一体どのようにすれば俺たち以外の暴走族やチームなどを解散、壊滅へと追い込めるかばかりを現役であった10代の頃は考えて活動していた。その結果、恐怖心の植え付け方やスクーターに金属バットというスタイルなど、ケンカの仕方が従来にないやり方へと特化していくこととなった。そのスタイルは元々関東連合が確立したものだ。無論、駆け引きなしの素手でのケンカが強かったメンバーが多かったというのもあると思うが、その当時の都内の暴走族の抗争はゲリラ戦が主だった。

また、前述の通り、関東連合には「薬物厳禁」「窃盗厳禁」「女人禁制」「強制短髪」など厳しい縛りがいくつもあった。

関東連合のメンバーは破れば即ヤキという厳しい規律の下で活動をしていたので、自分を律することに慣れるのと同時に、精神面も異常に鍛えられたのではないだろうか。それが仲間のためなら体を懸けること、警察に捕まることも厭わない集団を、いや、マインドをつくり上げたのだと思う。

次に挙げられる理由は、関東連合の活動拠点が渋谷だったということ。

世間で話題に上がる関東連合は、主に昭和53〜58年生まれ世代のメンバーのことを指しているのだが、その世代はほぼ世田谷区と杉並区出身者で構成されていた。だが、活動拠点としていたのは地元ではなく渋谷で、渋谷を押さえることの重要性を俺は当時から強く認識していた。なぜなら、人や情報は東京の都心部、特に若者は渋谷に集まっていたからだ。

当時は今と違って10代の若者たちの勢いは凄まじく、世の中に対して大きな影響力を持っていた。また、そうした影響力のある学生たちを取り上げている雑誌も飛ぶように売れていた。新しい流行はすべて渋谷から発信されていたといっても決して過言ではなかったはずだ。

今のようにインターネットが普及していなかったので雑誌やテレビの影響力は強く、趣味もまだそんなに多様化されておらず、多くの人が皆と同じ物を欲しがるなど、社会の価値観もほぼ単一化されていた。皆が同じ方向に向かいやすい時代だったのだと思う。そんな若者たちに対して圧倒的な影響力を持っていたのが関東連合だった。そこにはきっと畏怖の念と同時に、おぼろげながら〝街の顔役〟というものに対する憧れもあったのだろう。

また、その影響力がビジネスにも直結した。人も情報もいつだって利益を生む。早くに大人の世界に足を踏み入れ、ケンカの仕方だけではなくビジネスにしても同世代の人間よりも5年も10年も早いことをやっていたのだから、関東連合のメンバーは非常にませていたともいえる。だから、渋谷という街と若者を押さえた関東連合は先見の明があったし、不良の世界でも絶大な影響力を持つことが出来たのだと思う。

2度と生まれることのない集団

しかし、もう関東連合のようなグループは生まれないだろう。

よく「第2の関東連合が生まれるかも」といった言葉を使い、人々の不安を煽る人がいるが、ここではっきりと断言したい。

関東連合ほど影響力を持ったグループは2度と生まれない。

関東連合は当時の時代背景もあって影響力を持ち、成り上がっていった集団だからだ。今の時代ではあそこまで影響力を持った集団をつくるのは難しい。関東連合に類似した暴力性を持ってしても、だ。また、日蓮宗やキリスト教などと同じで、関東連合は外部に敵をつくることで、その結束力を高めてきた。当時は暴走族やチーマーなどが無数に存在していたので、敵には一切事欠かなかった。

だが、今はどうだろう。少子高齢化の影響もあってか、不良の数は年々少なくなってきている。ケンカをする機会が減るということは、それだけ強靭な組織をつくるのが困難になるのとイコールだ。

ところでよく、関東連合と同じく都内で名を馳せた怒羅権との違いについて尋ねられることがあるが、一言で説明するのなら、関東連合はフロンティアスピリットを持った開拓型の暴走族で、怒羅権は地域密着型の暴走族といった感じではないだろうか。もし90年代に怒羅権も銀座や六本木といった街に進出していたら、また違った組織になっていたはずだ。

関東連合と怒羅権はチームとしてのスタイルも違っていた。

怒羅権は服装や髪型などは自由で、あまり厳しい縛りがあるようには見えなかった。バイクも、彼らが乗っているのは綺麗に手入れされているものばかりで、バイクを襲撃時の〝足〟や敵を誘き寄せるための〝撒き餌〟としか捉えていない俺たちとは大違いだった。それに、一見すると真面目そうな若者が、突然青龍刀のようなものを振り回したりするのだから、そういったところも世間からしたら関東連合とは違った不気味さや恐怖を感じるところだったのではないか。

そんな関東連合と怒羅権にも共通点はある。それは〝結束力〟だろう。だから関東連合も怒羅権も敵対チームとの抗争に勝ち続け、グループをあそこまで繁栄させることが出来たのだと思う。もちろん怒羅権とも、過去には揉めたことがある。それも1度や2度ではない。

俺が個人的に歌舞伎町のクラブで怒羅権を相手にケンカをしたこともあれば、関東連合の現役メンバーが敵対チームのメンバーと間違って怒羅権のメンバーを襲って大怪我をさせてしまい、1度抗争相手の東京連合側に付かれたこともあった。タイマン合戦による決闘の場で、形式上は〝中立〟〝立会人〟といった立場だったが、その時の怒羅権は限りなく東京連合側だった。その一大抗争はもう少し先の話になるので、ここではまだ控えておこう。

引退

過酷な関東連合の現役活動から、ついに俺も引退する時が来た。

2000年4月のことだ。

ある日の真夜中、2歳上のOBから連絡が入った。

「太一か？ 今から新宿の十二社通り沿いにある『フォルクス』というファミレスにケイとふたりで来いよ」

あまりに突然の呼び出しに俺とケイは勘繰った。

「おいケイ、お前俺の知らないところで何か下手打ったりしてないよな？ もし何か心当たりがあるのなら、今のうちに言っとけよ。かばえるものもかばえなくなるから」

「いや、最近はまったくそういったことはないと思うんだけど……」

小雨が降りしきるなか、先輩たちを待たせないようバイクで呼び出された場所にとにかく大急ぎで向かうことにした。

フォルクスの駐車場に着き、先輩の携帯を鳴らすと、

「おお、着いたか？　そこで待ってろ」

と言われたので、俺とケイはバイクを停め、先輩たちが店内から出てくるのを駐車場の出入口のところで待った。5分もしないうちに先輩たちはぞろぞろと出てきて、あるひとりの先輩から唐突に、

「お前たち、いくつになったんだ？」

と尋ねられた。俺はその質問の真意がわからないまま、

「18になりました」

とだけ答えた。するとその先輩は続けて、

「お前らももう引退だ。次の頭を誰にするのか、お前が決めろ」

と言った。

一瞬信じられなかった。まさかその日、引退の許しが出るなんて……。数秒遅れて俺とケイは、

「はい！」

とだけ返事をした。

関東連合も先輩たちに認められれば高校の卒業と同じように18歳で迎える4月頃に引退となるのだが、先輩たちに活動内容を認められなかった場合は19歳まで続けさせられる場合もある。実際にそうなった先輩たちを過去に見てきていたので、引退の許可を先輩から告げられた時は安堵と同時に、「先輩の目から見ても、俺の現役活動は充分に評価出来るものだったということか」と、誇らしくもあった。

その帰り道、雨足は行きの時よりも強くなっていたが、俺とケイはそんなことお構いなしで、何度も何度もバイクの上でガッツポーズをした。達成感や安堵感、様々な感情に心は満たされていた。

ただ、その時はまだ何も知らなかった。この先どれだけ大きな抗争事件が俺たちのことを待ち構えているのかなんて……。

あとがき

　この後、話は拙著『特別少年院物語』へと続いていくことになるのだが、引退を言い渡されたその日はまず真っ直ぐ地元に帰り、そして真っ先に俺とケイが慕っていた先輩であった篤に報告をした。

　篤はまるで我が事のように喜んでくれ、後日地元でささやかながらお祝いの席を設けてくれた。その場には後輩たちも皆参加してくれたのだが、後輩たちも篤と同じように喜んでくれ、普段では考えられないくらい羽目を外して、全員が見事なまでに酔い潰れてしまった。主役ふたりを残して。でも、その姿がまた何とも微笑ましかったのを覚えている。ケンカに関してはいくら出来ても、お酒の強さに関しては皆年相応だった。

　俺とケイの引退集会には怒羅権やその友好チームなども駆け付けてくれ、バイクの台数は優に50台を超え、車もかなりの台数が出ていたので、２００人近くの人たちが参加してくれていたのではないか。

　俺が現役時代の頃には、いや、引退後も含めてそこまでの大規模な集会が開かれたことは

引退集会では多くのバイクに乗り換えて夜が明けるまで仲間たちと走った

1度もなかった。なので、「本当に有り難い限りだ……」と、最初から最後まで皆に感謝しきりだった。今も忘れることの出来ない思い出のひとつとして、俺の心に深く刻まれている。

こうして今、改めて自分の人生を振り返ってみると、つくづく波瀾万丈な人生を送ってきたなと思う、親子2代に渡って。そして、よくこうもしぶとく生き抜いたものだなとも。

でも、俺のこの成り上がり譚は10代で完結するものではない。むしろ10代を終えてから本格的にはじまっていく。ここからまだまだあっと驚くような出来事が続いていくことになるのだ。是非その今後の話にも期待してもらいたい。

最後に、俺のことを支え続けてくれている方たち、また、この本の出版に携わってくださったすべての方たちに感謝したい。

石元太一（いしもと・たいち）
1981年、東京浅草生まれ、世田谷育ち。関東連合「千歳台ブラックエンペラー」16代目総長。俳優としてデビューを発表した直後の2012年9月に詐欺事件で逮捕。その後、六本木クラブ襲撃事件に関与したとして傷害致死の容疑で再逮捕された。2016年6月に懲役15年の実刑が確定。獄中から『反証　六本木クラブ襲撃事件　逮捕からの700日』（双葉社）、『特別少年院物語』、『続反証』、『恋愛録』（以上、大洋図書）を発表。現在も自らの無罪を訴え続けている。石元太一のブログ「反証　六本木クラブ襲撃事件～刑務所からの獄中手記～」（https://ameblo.jp/ishimototaichi/）、公式YouTube「日本の獄窓から」（https://www.youtube.com/@ishimoto-taichi）公開中

不良録 DEEP

2024年9月27日　初版第1刷発行

著者　石元太一

編集発行人　宮市徹
デザイン　奈良有望

発行・発売　株式会社 大洋図書
〒101-0065 東京都千代田区西神田3-3-9大洋ビル
電話：03-3263-2424（代表）

印刷・製本所　中央精版印刷株式会社

ISBN 978-4-8130-7626-1 C0095